日野原重明の世界

人生を色鮮やかに生きるための105の言葉

中央法規

日野原重明の世界

人生を色鮮やかに生きるための１０５の言葉

はじめに

予防医学や終末期医療の発展に尽力した日野原重明先生は、2017年7月18日の朝、105歳で天国へ旅立たれました。

105年と9ヵ月余りの間、数々の輝かしい業績を重ねた日野原先生。民間病院による初の人間ドック開設や「生活習慣病」という呼称の提案など、健康に老いることの大切さを世の人々にやさしい言葉で解説し、広めていきました。

また、乗客として遭遇した1970年の「よど号ハイジャック事件」では、人質になりながらも脱水症状に陥った機内の人々を問診。1995年の地下鉄サリン事件で

は陣頭指揮を執り、多くの人命を救いました。

また、先生は培った経験や知識を、惜しみなく若い世代に手渡す人でした。いのちや平和の大切さを伝える「いのちの授業」は全国各地の小中学校で開催され、そのメッセージは今も多くの子どもたちの心に芽吹いています。

本書はそんな日野原先生の生きざまや人生観を伝えるべく、先生が設立された「新老人の会」の協力のもと、先生のご遺族・関係者の方々にもお力添えをいただき、一冊の追悼本としてまとめました。温かくご対応くださった皆さまに、この場を借りて、心からの感謝を申し上げます。

トップニュースで報道された日野原先生の逝去

2017年7月18日午前6時33分、
日野原重明先生は呼吸不全のため、ご自宅で逝去されました。
各メディアは一斉に先生の訃報を伝え、
その功績をたたえる記事を掲載しました。

全国三大紙が一面で報道

日野原先生の訃報について、全国三大紙はその日の夕刊一面でそろって大きく報道しました。

朝日新聞は「生涯現役医師」と見出しを掲げ、患者と対等に接する医療や看護教育の充実に取り組んだことなど、先生の医師としての実績を詳しく報じました。社会面では「長寿と健康体現」「命の尊さ訴え」という見出しを立て、先生が延命治療を望まなかったことや、憲法9条の掲げる理念の重要性を訴えていたことにも言及しました。

読売新聞は一面では「豊かな老い提唱」、社会面では「100歳超え　創造的老い」という見出しを立てて、年を重ねても、精力的に講演や執筆などの活動をし、ミュージカルなどにも挑戦する姿を紹介しました。また、時の官房長官が、18日午前中の記者会見で、「日本医療の礎を築き上げた一人。極めて残念だ」とコメントを述べたことについても触れています。

毎日新聞は、一面で略歴を紹介したうえで、社会面の見出しで「命は人のために」と謳い、平和や命の大切さを語り継ぐことを使命とする先生の活動を伝えました。なお、翌19日には社説で「長命社会に希望ともした」という見出しのもと、「元気に自立生活できる『健康寿命』を延ばすとともに、夢や生きがいを持ち続け、社会に貢献することの大切さを示したのが日野原さんだ」と評しました。

　さらに、翌19日の朝刊一面コラムは、3紙とも日野原先生の逝去がテーマとしてつづられました。

　先生が連載を持っていた朝日は、先生が紡ぎ出す言葉を挙げ、「身近な話題から書き起こし、孔子や老子、ナイチンゲールや詩人タゴールの高みへ読者をいざなった」と讃えました。

　読売は、よど号ハイジャック事件後に我が身を「自分以外のことにささげ」た先生に触れて、「残した麦の実の、何と豊穣なことよ」とまとめます。

　毎日はハイジャック事件や地下鉄サリン事件など様々な事件に遭遇する先生について「当事者として加わった最大の歴史的事件は日本の長寿社会化」と指摘。予防医学を根付かせた功績を挙げ「医療の文化革命」と評しました。

皇后さまの献花も紹介
海外でも取り上げられる

　このような報道は新聞にとどまらず、民放各局も、速報を受けて一斉にニュースで報じたほか、ワイドショーでも先生の訃報に多くの時間が割かれました。7月29日に行われた告別式も同様で、親交のあった皇后さまが最後のお別れをしに斎場で花を添えられたことも紹介されました。NHKでは、8月1日の「クローズアップ現代＋《プラス》」で「〝死〟をどう生きたか　日野原重明　ラストメッセージ」という特集を組んでいます。

　また、先生の訃報は、海外でも大きく取り上げられました。7月26日、ニューヨークタイムズは、「日野原重明医師、105歳で逝去―長生きするヒントを日本に示唆―」というタイトルで、先生の写真を添えて報じました。体重を維持されていたことや質素な食事をされていたこと、そして健康のためにエスカレーターを使わず階段を使っていたことに触れ、「日本を世界有数の長寿国のリーダーに押し上げた医師」と讃えました。

日野原重明メモリアル

感謝の気持ちに満たされ過ごした最期の日々

２０１７年7月、１０５歳で永眠された日野原重明先生は、最期の日々をご自宅で過ごしました。晩年に寝室として利用された部屋とその隣のリビングでは、若い研修医の懇親会や教会の聖歌隊との食事会などが頻繁に開かれました。

そのリビングと寝室から眺められる美しい庭に、２０１４年、オリーブの木を植えました。先生は、オリーブの実が熟して落ちる時に、枝や幹に感謝するように死を迎えることがよいと勧める第16代ローマ皇帝の言葉をよく取り上げました（94頁参照）。自身も、人生の

先生が「百年の　梅の幹折れて　尚開く紅」と俳句を詠んだ梅の老木

先生が最晩年を過ごした部屋

四季折々の美しさを楽しむことができる庭。どの木々にも思い出が込められている

最期を感謝の言葉とともに迎えることを望んでいたのです。庭に植えたこのオリーブの木を眺めるたび、その気持ちを強くしたのかもしれません。

書斎

多くの言葉を紡ぎ出した自宅の離れにある書斎

自宅の離れにある書斎は、たくさんの書物で埋め尽くされています。次男の妻・眞紀《まき》さんが「どんなに忙しくても、仕事の合間や移動時間に読書していた」というように、読書家だった日野原先生。

師と仰ぐオスラーが医学生に毎晩読むべき本として挙げた10冊を、先生もバイブルとした。写真は聖路加国際病院内「オスラー記念ライブラリー」に寄贈された蔵書

仕事から戻ると書斎にこもって本を読み、深夜まで原稿を書いた

先生は、人間が他者に贈れる一番素晴らしいものは言葉であると考えていました（92頁参照）。本書で紹介する先生の支えとなった偉人の名言も、この書斎で醸成されたものだったのでしょう。

臨床医として忙しく活躍する一方で、論文も意欲的に執筆し続けた

論文や講演の資料が何段もの移動書棚にファイルされている

キリスト教

常に手元に置いていた聖書や賛美歌集。自宅や職場の至るところに用意し、いつでも読み返せるようにしていた

「僕の辞書」と呼んでいた聖書。付箋や書き込みが目立つ

父が牧師を務め、先生自身も懇意にしていた玉川平安教会の礼拝堂

2016年秋に訪れたのが最後となった

日野原先生専用の聖歌隊制服。
指揮者も務めた

幼いころから
信仰と共に歩んだ人生

牧師であった父・日野原善輔《ぜんすけ》（36頁参照）の影響を受け、7歳で洗礼を受けた日野原先生。日本での布教に尽力した父親について、「信仰の人、努力の人、実践の人」だったと述べています。

何冊もの聖書を所有し、ご自宅や病院、移動中に何度も読み返していました。読書家だった先生の一番の愛読書は聖書です。その一方で、教会にも足しげく通い、聖歌隊の一員として礼拝堂に低音の美声を響かせました。

先生の哲学の底には、キリスト教の考えが色濃く流れています。

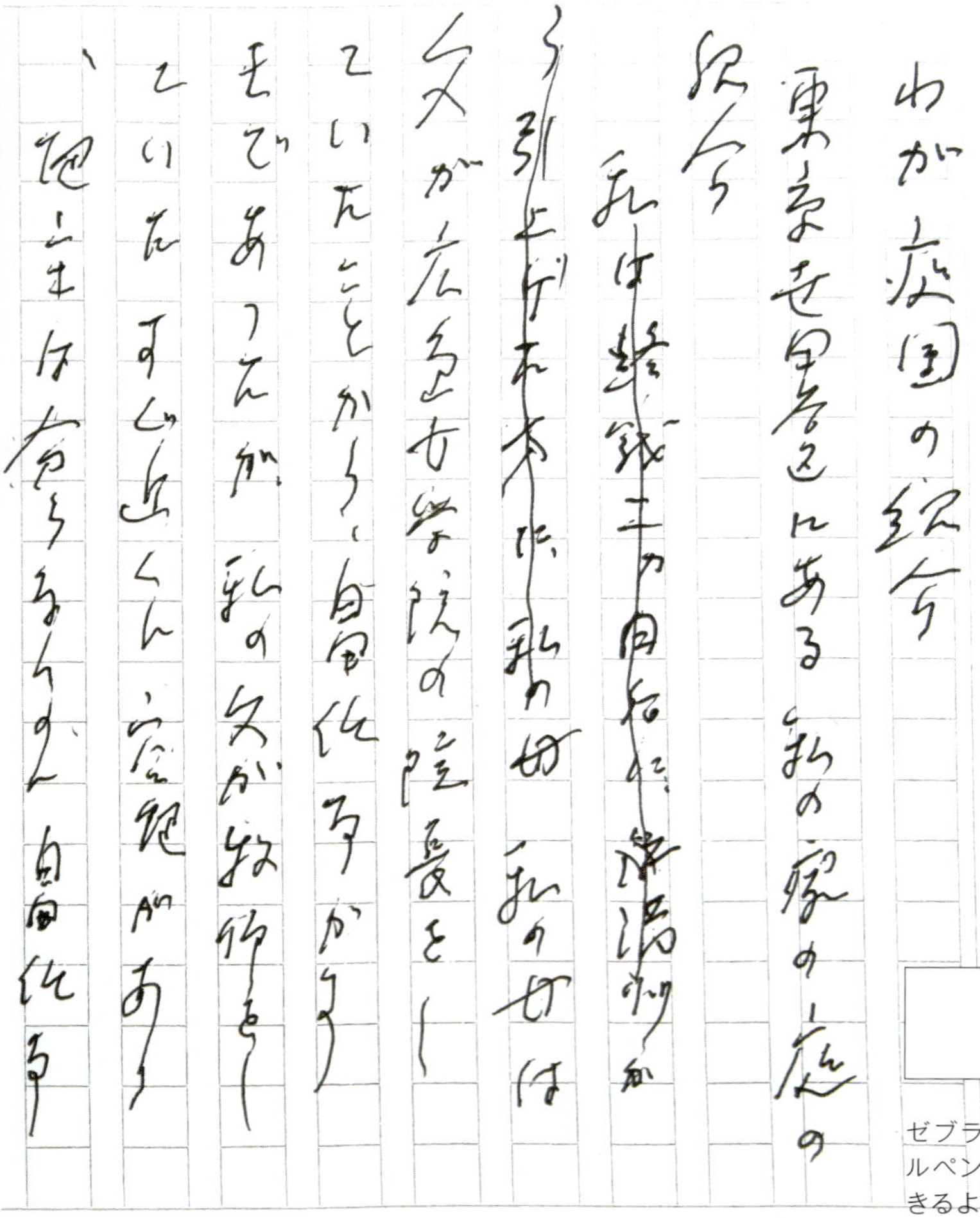

原稿

ゼブラ社のノック式ボールペンはいつでも執筆できるよう大量に常備

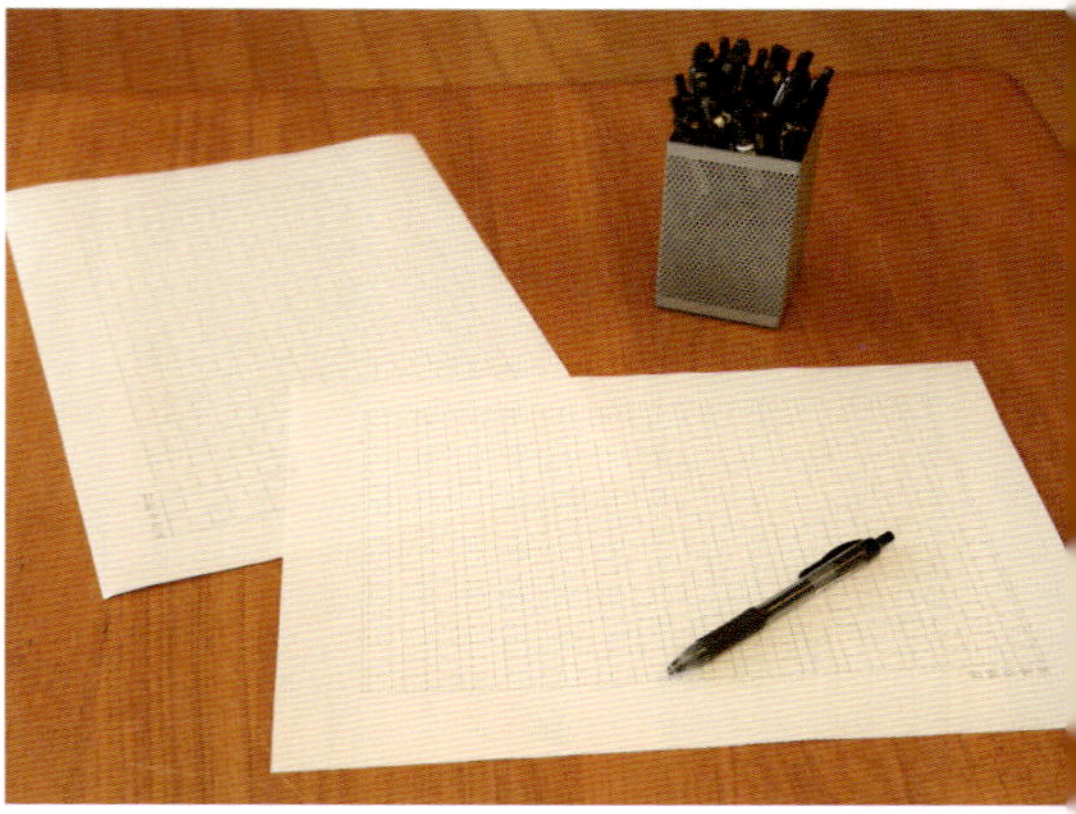

執筆に集中するあまり服をインクで汚すことも

数百冊の著作を遺し、多くの新聞や雑誌にも寄稿した日野原先生。原稿はすべて手書きで記され、その後で秘書がタイピングし、新聞社や出版社に送られていました。

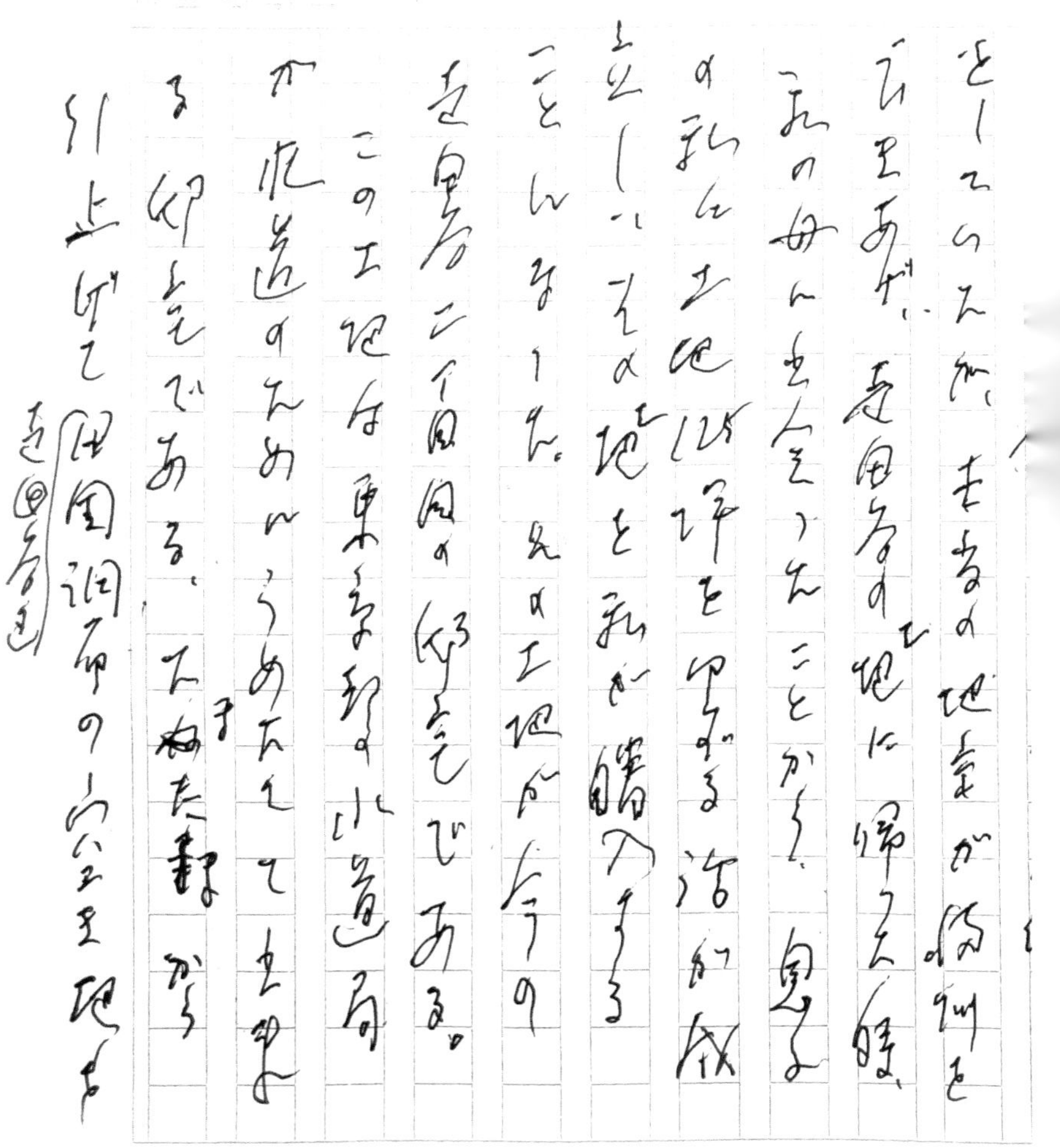

使用されたのは「日野原」の名前が入った、オリジナルの400字詰め原稿用紙。合理主義者だった先生は、執筆する際も高級な文房具ではなく、書きやすさを重視して100円のノック式ボールペンを使用。時には執筆に集中するあまり、ペン先を出したままポケットに入れ、ワイシャツをインクで汚してしまうこともありましたが、ご本人は気にされなかったようです。

晩年は、離れにある書斎よりも、母屋のダイニングテーブルや、リビングのリクライニングチェアで執筆することが増えたようですが、最期まで「原稿を書く」ことに情熱を注いでいました。

どこにでも持ち運んだ原稿台。紙袋に入れて旅先にも持っていった

愛用品

人の縁を感じる品々を生活のなかで永く大切に

高級品や特定のブランドには、こだわらなかった日野原先生。ただし、人から贈られた品や教えてもらった便利な道具は、末長く愛用し続けました。

おしゃれな先生は、ネクタイを贈られることが多かったそう。前日の夜までに眞紀さんが選んだ2本の〝候補〟のうち、ご自身で選んだネクタイを身につけていました。

腕時計は家族から贈られた物を永く身に着けていたそうです。

リクライニングチェア（上の写真）を使用時に愛用していたクマのオットマン（足置き）

学会には落ちついた色を、華やかな
会食には暖色系のネクタイを着用

家族から贈られ、最期まで使用していた時計

3年分の日記帳に予定を書いていた先生。真っ先に書きこむのは皇后・美智子さまの誕生日だった

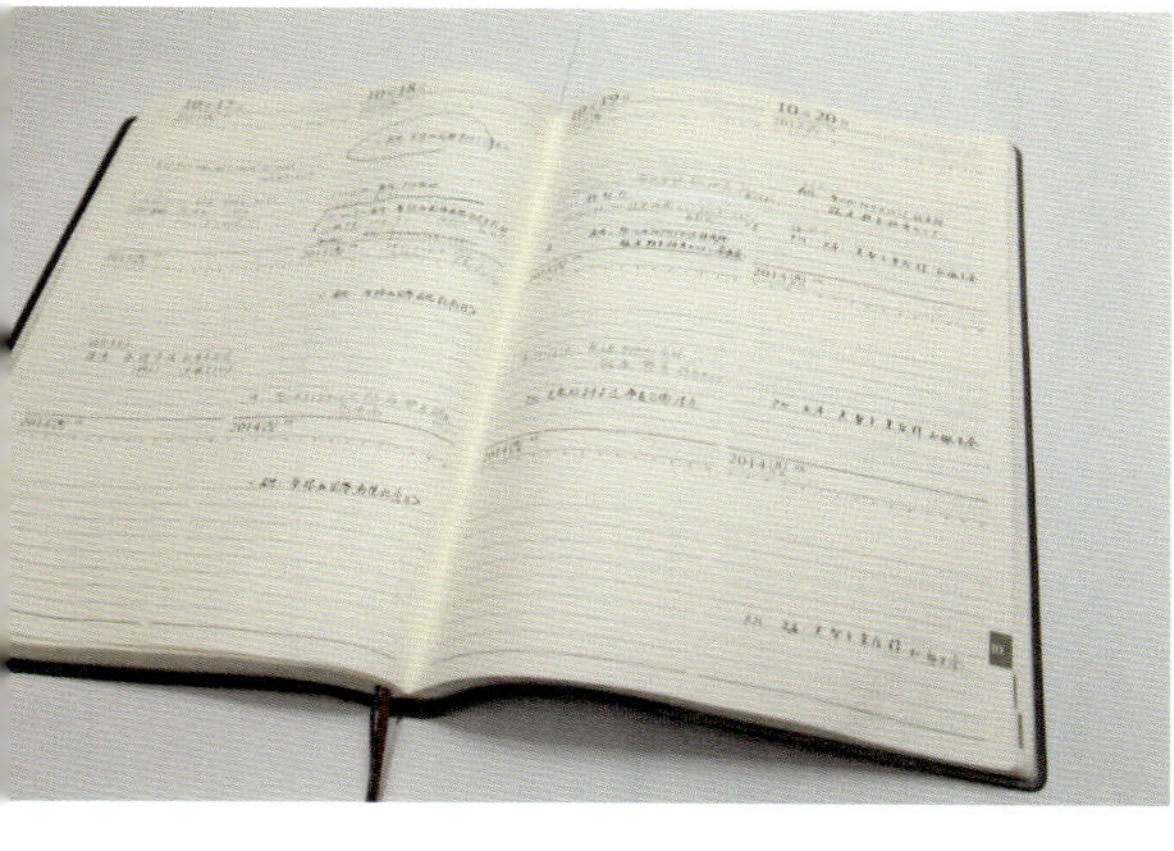

晩年には、カナダの友人に教えてもらって以来どこにでも持ち運んだという原稿台と、友人宅に遊びに行った時にすっかり気に入って譲ってもらったというクマのオットマン（足置き）を使ってリビングで執筆することが増えました。

絵を描くことを楽しみとした晩年の先生は、花を好んでモチーフにした。観察力に優れ、ガラスや水による光の屈折まで描いている

作品

常に新しいことを創め いつまでも若々しく

日野原先生は何歳になっても何かを始める（創《はじ》める）ことに前向きでした。書道や俳句を始めたのは90歳を超えてから。年をとると自分の世界に閉じこもる人も多いなか、誰かに勧められれば旺盛な好奇心で、どんなことにでも飛び込んでいきました。それが先生の若さの秘訣でもあったのでしょう。

他者から学ぶ姿勢を大切にし、忙しいなかでも発見に満ちた毎日を過ごしていた先生。私たちも、より充実した人生を送るため、先生の哲学を学んでいきたいと思います。

目次

目次

5大エピソードで知る

日野原重明という生き方

病院の経営者、大学や財団法人の理事長、ベストセラー作家……。
肩書きだけ見ても、日野原先生は決して一言で語ることができません。
本章では、そんな先生を知るうえで
欠かすことのできない5つのエピソードを紹介します。

赤軍派により4日間人質に

「よど号ハイジャック事件」が人生観を変えた

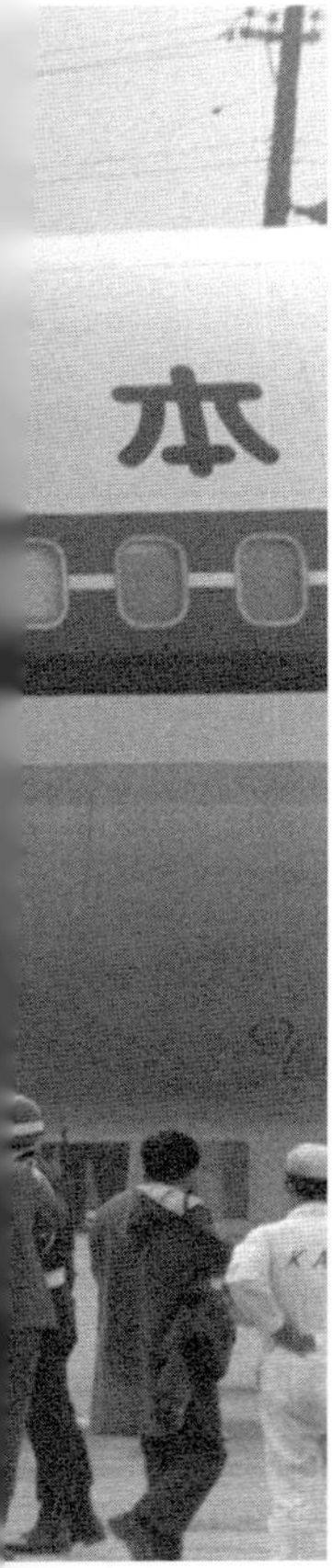

歴史的大事件に遭遇 実感した「与えられた命」

日野原先生は1970（昭和45）年に共産主義者同盟赤軍派が起こした「よど号ハイジャック事件」の人質になる経験をしています。当時58歳。途中、老人や婦女子ら一部の乗客は解放されましたが、大多数は韓国の金浦《キンポ》国際空港へ。韓国当局と犯人グループの交渉が難航する中、3日3晩、機内に閉じ込められました。

先生は動揺して死を意識したものの、聖書の言葉を思い出すなどして平静な心を保つよう努めました（68頁参照）。ようやく乗客全員が解放され、タラップを降りた時には、アポロ11号の月面着陸（前年）を思い出し、「無事、地上に生還した」と感じたそうです。

事件後、自分の生命は「与えられた命」だと思うようになり、ならば残りの人生を他者のために捧

4月3日、韓国の金浦国際空港で
乗客は解放された

げようと考えたといいます。その気持ちは礼状に綴った妻・静子《しずこ》（写真左）の言葉にも表れています（39頁参照）。3年後に財団法人ライフ・プランニング・センターを設立し、広く健康に関する啓発活動に尽力したのも、この事件がきっかけでした。他にも宗教哲学者・ブーバーの著書から、新しいことに挑戦することの大切さを学ぶなど（61頁参照）、事件は先生の人生観を大きく変えました。

羽田空港で妻・静子に迎えられて笑顔を見せた先生

人間ドック開設、「生活習慣病」の名づけ親……
「医療改革」に奔走！看護師の教育にも注力する

予防医療の定着と患者本位の医療体制

１９５４（昭和29）年、聖路加国際病院は、国立東京第一病院（現・国立国際医療研究センター病院）とともに日本初の人間ドックを開始します。その立ち上げに奔走した一人が、当時、聖路加国際病院の内科医長を務めていた日野原先生でした。

先生は「生活習慣病」の名づけ親でもあります。20年以上前は動脈硬化、糖尿病、脳卒中など、中年以降にみられる疾患については「成人病」と呼ばれていましたが、「習慣病」に改名することで、生活習慣を改める意識を高め、病気の予防に役立てたのです。また医師だけができる医療行為と考えられていた血圧測定を、一般家庭で行う運動を展開。これらの活動により、予防医療の考え方が日本で大きく定着しました。

先生は内科医として、生涯の師としたウィリアム・オスラー（78頁参照）にならい、日本の臨床医の能力向上にも尽力します。回診の際には、担当医に患者の生活像に関する細かい質問をさせ、若い医師にも患者との対話を促しました。

　無理な延命治療が行われていた中、先生は「その人の人生に寄り添うケア」が医師には大切だと提唱します。１９９３（平成５）年には日本初の独立型ホスピスを設立。その後、聖路加国際病院に末期がん患者のための緩和ケア科を設けました。患者と密接な関係を持つ看護師の能力・地位の向上のために、聖路加看護大学（現・聖路加国際大学）に修士・博士課程を私学では日本で最初に設置しました。

東京・築地にある聖路加国際大学

　これらの活動の根底には大勢の患者の病気や死を見つめてきた先生の次のような人生観があります。

「いつの時期にも私たちは死に備えなければいけない。そして死に備えるというのは、まず死を思い、その死からさかのぼって『今日』という一日をいかに生きるべきかを自らに問うこと」（『僕は頑固な子どもだった』より）。

　先生は老いや死が自然の摂理であり、それらを受け止めながらいかによりよく生きるかを重視し、医療はそれを手助けする役割を持つと考えました。先の言葉は、日頃の習慣を改めることの大切さに加えて、死期が迫った人も残された時間を精一杯生きることが大切なのだと伝えています。先生の業績や言葉は、私たちに生きること、死ぬことの意味を考えさせてくれているのです。

日野原重明 エピソード③

「地下鉄サリン事件」で640名の人々をすべて受け入れる

聖路加国際病院の院長として陣頭指揮

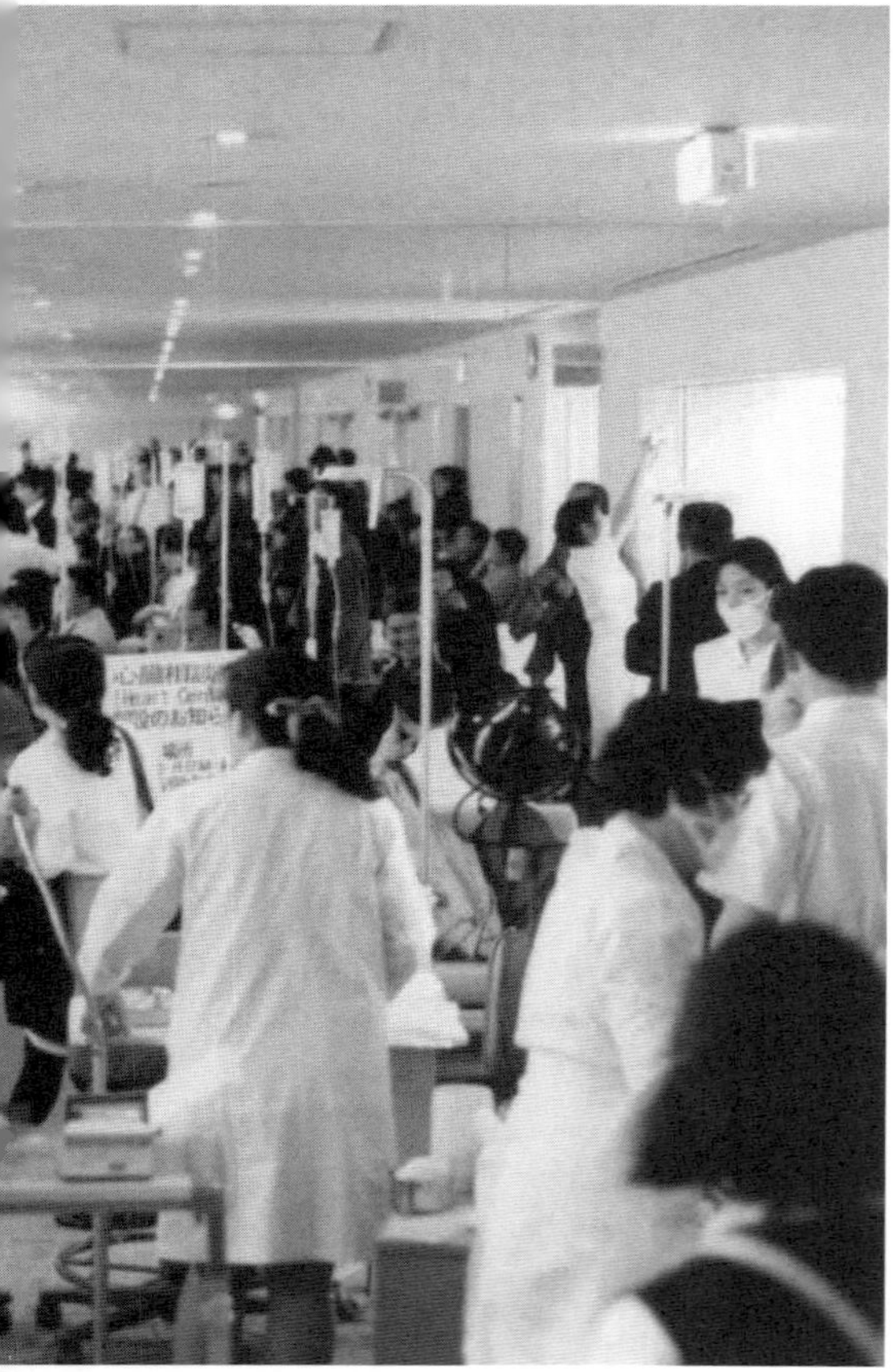

多くの被害者を救った非常時に役立つ病院作り

1995（平成7）年に起きた地下鉄サリン事件では、聖路加国際病院の素早い対応が多くの命を救い、国内外で注目されました。

事件発生の午前8時頃、病院では定例の幹部会が開かれていました。当時院長だった日野原先生は、

廊下・待合室だけでなく、病院のチャペルにも患者が運ばれ、処置を受けた

その席上で報せを受けました。多くの被害者が出た築地駅は同病院の最寄り駅で、救急センターには次々と被害者が担ぎ込まれました。事態を重くみた先生は、被害者全員を入院させる方針のもと当日の外来診療を中止。４人の副院長を通じて症状の重さの判断、症状の原因究明（発生直後はサリンとはわかっていませんでした）、診療、看護などの役割分担を決めて対応に当たらせました。

その結果、築地駅から運ばれた６４０名を２時間以内に全員収容し、女性１名を除く多くの人命を救うことができました。

短時間に大勢の人を収容できた理由は、同病院の構造にあります。事件の３年前に行われた改築により、病床１床あたりの空間が普通の病院の倍となり、廊下、ラウンジなどの壁の中にも酸素や吸引用の配管がなされて、非常時に２８５名の患者を収容できるようになりました。先生がスウェーデンなどを視察した際に緊急時の対応の必要性を痛感し、こうした機能を備えることにしたのです。

また当時、医師１２９名、研修医36名、看護師４７７名など、一般的な病院を大幅に上回るスタッフを擁しており、同病院の方針で彼ら全員が救急医療の知識と応急処置を学んでいたことも、迅速な対応を可能にしたといえます。非常時に役立つ病院でありたいという先生の考えが、いかんなく発揮されたのでした。

皇后・美智子さまもご観劇！

ミュージカル「葉っぱのフレディ」の企画を88歳で手がける！

いのちの大切さを訴えるミュージカル作品を提案

2000（平成12）年、日野原先生が企画・脚色したミュージカル「葉っぱのフレディ―いのちの旅」が完成し、初公演が行われました。88歳の時のことです。

原作は米国の教育学者であるレオ・バスカーリア（1924～1998）が生涯にただ1冊残した絵本です。1枚の葉っぱが四季を通じて姿を変えていき、最後は土に落ちて翌春にまた若葉が出てくるための養分になるという話を通じて、いのちが自分一人で終わるのでなく、次の世代、その次の世代へと受け継がれることを教え、いのちの大切さを訴えています。

本に感銘を受けた先生は絵本を

刊行した出版社・童話屋の田中和雄社長にミュージカル作品化を提案し、実現させました（のちに脚本を収録した『「フレディ」から学んだこと』も出版）。毎年夏に公演を重ね、2006年には皇后美智子さまもご観劇、2010年にニューヨーク公演も果たします。

88歳で初めて演劇に携わったことは、年齢に関する私たちの常識を覆す行動だともいえそうです。先生は「95歳になったらこれを始めよう」などと、年をとるごとに新たな目標を設定しました。98歳で俳句と書道を始め、103歳で乗馬を試みるなど、いくつになっても新たなことに挑戦する姿勢を忘れませんでした。

2008年7月、北海道洞爺湖サミットの関連事業として、北海道・恵庭市で上演したときのもの。 先生はカーテンコールに出演し、テーマ曲を一緒に踊って、挨拶をしました

日野原重明 エピソード⑤

全国の小学校で行った白熱教室「いのちの授業」

1987年から200校以上を訪れた

聴診器に触れながらいのちの大切さに気づく

日野原先生は「いのちの授業」と呼ばれる、小学生を対象にいのちの大切さや平和の重要さを教える取り組みに、情熱を注ぎました。

初めて授業を行ったのは1987（昭和62）年。NHKの番組で母校を訪れた時のことです。子ど

子どもたちの興味を引きながら話す先生。保護者や先生にも評判だった

もたちに聴診器で心臓の音を聴かせ、血圧を測らせました。以来、全国各地の小学校で行い、2003（平成15）年からは10日に1回のペースになりました。

先生は目に見えない「いのち」を実にわかりやすく教えます。たとえば聴診器で心臓のドクンドクンとする音を聴かせながら、この音が3分以上止まると人間の脳が死んでしまうといい、死について語ります。

また子どもたちに「木が揺れているのはなぜ？」と尋ね、生徒が「風があるから」と答えると、「風は見えるの？」と問い、風が見えないことに気づいた子に「大切なものは目に見えないものが多い。いのちもそうだ」と順を追って話します。

あるいは子どもたちに昼休みにやったことを尋ね、生徒がいろいろ挙げると、今度は「誰のためにやったの？」と尋ね、「自分のため」と答えた子に「自分が使える自分の時間、それが君たちのいのちだ」と説明し、いのちについて実感させます。

さらに続けて、大きくなったら困っている人たちにも自分の時間を使ってほしいと呼びかけ、自分以外の他人のために時間を使うことが大切だと話します。

先生の哲学は、いのちの大切さを学んだ子どもたちの中に受け継がれていくことでしょう。

日野原重明

人生を色鮮やかに生きるための105の言葉

数百冊の本を執筆され、
全国で数多くの講演会を開かれてきた日野原先生。
それらは、先生の生きる哲学が込められた「言葉」で彩られています。
本章では、そんな先生が残された金言や、先生が話のなかで
引用してきた偉人の名言を105つ厳選して紹介します。
先生の言葉から、私たちは“人生100年時代”を生き抜く
哲学・知恵を学んでいきたいと思います。

※言葉の終わりに人物名を記したものは、その人物の言葉であることを示しています。

定年後

1

僕は定年後こそが、ある意味では、
人生の本番だと思っているんです

2

この人生の秋には自分という樹の葉を、
自分の色素でどう染めるかを
考えなければならないと
自分にもいいきかせています

3

あなたの人生の最終ステージを変えるには、良い環境を作る、与えられた環境から自分が作りだす環境へ、よい友人づくりと、子どもたちとの交流がポイントです

定年とは「創造的引退」自分を発揮できる老年期

定年は自分が活躍する時代の終わり、と思う人が多そうです。しかし、日野原先生は、会社や子育てなどのしがらみから解放される定年後こそが、一人の人間として自在に活動できる期間だといい、定年を「創造的引退」とも表現しています。ここにあげた3つの言葉のように、自分のやりたかったこと、これまで埋もれていた才能を見つけ出し、思う存分に自分らしさを発揮できるのが定年後の時間なのです。先生がベストセラーを立て続けに書いたのは、実に80代後半からでした。

人生100年時代

4

人は誰も「人生の現役」です
生かされている最後の瞬間まで、

5

ただ生きるだけではなく、
よりよく生きることを
何よりも大切にしなければならない

ソクラテス（哲学者　前469〜前399）

6

宇宙に向かって
飛び立つロケットが、
機体を切り離すたびに
軌道を変えるように、
人生の節目ごとに
発想を変えて
新しいことを始めては
どうでしょう

よりよく生きることは年齢や健康を問わず大切

日野原先生は、ソクラテスの言葉をよく取り上げ、充実した人生を探し求めることを勧めました。年齢は関係ありません。「現役」とは、「『いま』を生きることに、自分という全存在を賭けている人」。すなわち、よりよい人生を求める人です。年配の方はもちろん、死期が迫った患者もただ生きるのではなく、充実した人生を送るべきだというのが、先生の考え方です。そのためにはロケットが軌道を変えるように、年をとっても発想を変える勇気を持ち、新しい自分と向き合うことが必要なのです。

牧師（1877〜1958）父・日野原善輔の言葉

7

なんでも
他人《ひと》の倍やれ。
思いついたら
明日ではなく、
いますぐやれ

28歳のときの善輔（『いのちの響き（日野原善輔遺稿集）』より）

8

小さな円を描いて満足するより、大きな円の、その一部分である弧になれ

ロバート・ブラウニング
（詩人　1812〜1889）

壮大なビジョンの持ち主父・善輔が残した言葉

これらの言葉は父・日野原善輔が教会の説教で用い、若き日の日野原先生に影響を与えた言葉です。善輔は24歳でアメリカに留学し、帰国後は生涯を伝道に捧げました。広島女学院院長時代、女子大を作る構想を持ち、周囲の反対を押し切り8万坪の土地を購入するなどスケールの大きな人物でした。大学は彼の没後に創設されました。たとえ自分一人では達成できなくても、誰かがそれを受け継ぎ大きな円が描かれると解釈できるブラウニングの言葉から、善輔のビジョンの壮大さが感じ取れます。

9 与えること

人生の後半は、
自分に与えられた
知恵やセンスや体力を、
今度は社会に
お返ししていく段階です

他者に自分を与えること それが自分の心を満たす

80歳以降の日野原先生は、聖路加国際病院の院長職や財団の理事長・会長職をボランティアで務めました。他者の役に立つことが心を満たすと実感していたのです。

他者の役に立ちたいという人生観を抱くきっかけは、よど号ハイジャック事件でした（20頁参照）。無事生還した際の礼状の一節に、そんな気持ちが表れていますが、それは敬虔なクリスチャンだった妻・静子が考えた文章でした。この言葉がその後の夫婦の指針になったと先生は語っています。

10

ゆるされた第二の人生が多少なりとも
自分以外のことのために捧げられればと希《ねが》って

（ハイジャック事件後の礼状より）

妻・日野原静子（1919〜2013）

11

与えることに、
特別の才能や技術はいりません。
（中略）与えることで失うのではなく、
心は以前にも増して満たされます

時間の使い方

12

人間はいのちの時間を「何年生きたか」
「何歳まで生きたか」で決めようとする。
しかし、本当は「1日をどう使うか」
――充実した時間を過ごすか、
無為に過ごすかでいのちの時間は変わる

13

私は90歳を過ぎて、「いのち」とは自分自身の意志で活用できる「時間」なのだと認識するようになりました

14

「あなたの寿命の中で、あなた以外の人のために使った時間は何時間ですか」ということをめいめいがチェックすべきだ

いのちの時間とは自分なりに生きた時間

私たちは日頃、自分の年齢から逆算して「あと何年生きられるか」と考えたりします。寿命を「生きている年数」でとらえるからですが、漠然と過ごすのと、毎日を精一杯生きるのとでは、同じ時間でも濃さや深さが違います。他者のために使う時間こそが最も生きた時間で充実していると日野原先生はいいます。90歳にしてそのような思いに至ったことは、私たちをおおいに励ましてくれます。新たな発見をし、新しい人生にチャレンジするのに年齢は問われないことを先生は自ら示しています。

いのちを大切に

15

寿命という
大きな空っぽの器に、
自分で使える時間を
懸命に生きて、
その生き生きとしたもので
中身を埋めていく、
というのが
私のいのちのイメージ

誰にも与えられる時間いのちの大切さ

与えられた時間を精一杯使うことが、いのちということです。それがいかに貴重で、しかも万人に均しく与えられたものだと実感した時、他人のいのちをも大切にしなければならないことがわかると、日野原先生は子どもたちへのメッセージとして伝えています。シュヴァイツァーは30歳の頃、伝染病に苦しむアフリカの人々を救うべく医師を志します。それまでは神学校の講師とパイプオルガン演奏家でした。よく似た境遇の先生は、若い頃に大きな影響を受けたといいます。

16

子どもたちが
「いのちは自分に与えられた
〝時間〟なのだ」と気づき、
いのちの大切さを実感したら、
他人のいのちも大切にするだろう

17

わたしたち人間は、
生きようとする意思をもった
すべての生きもののなかの、ひとつだ

アルベルト・シュヴァイツァー（医師　1875〜1965）

クレッシェンドに

18

95歳になったら
ゴルフをしようと思っています。
（中略）きょう、朝食前に
ソフトボールゲームをやったのですが、
バッティングをしたら
その方向に行くではないですか。
これだったら大丈夫だと

19

音楽記号のクレッシェンドのように、まだまだ上昇していく力が沸いている

20

私はこれまで、蟬《せみ》でいうとまだまだ土の中でした。（中略）これからようやく地上に出て、蟬のように最後の1週間を思い切り生きるわけです

90代後半でも挑戦の日々 日野原先生の若さの秘訣

何歳になっても新しいことに挑戦し続けた日野原先生。88歳でミュージカルの企画・脚色を手がけ、98歳から俳句や書道を始めるなど、挑戦の日々を送ることが、若さを保つ秘訣だったのです。東日本大震災の際にはそれまでの自分を土の中の蟬にたとえ、日本の復興の様子を見続けるため、あと10年間生きたいという強い意欲を語りました。

100歳を過ぎて

21

100歳はゴールではなく関所だよ

何歳でも新たな発見 最後まで学び続ける姿勢

100歳を過ぎてもスケジュール帳が3年先まで予定でいっぱいだったという日野原先生。98歳の時に始めた俳句で100歳になった心境を「ゴールではなく100歳は関所」と詠みました。別の所では「人生のスタートラインに立ったばかり」ともいっていますが、毎日が新たな挑戦だからこそ、そんな気力が湧いてきたのでしょう。あるエッセイは、やがて来る自身の臨終に触れ、「最後まで学び続けたいと思います」との言葉で結ばれています。そういう姿勢が未知の世界への実感を生むのだといえます。

22

105歳でもわからないこと、未知のことはある

人生のロールモデル

23

30代ではこうありたい、40代にはこうなりたいという、できるだけ具体的なモデルを見つけなさい

あなたの出会いたい老人それが将来の自分の姿

人生を手探りで進むのは難しいことです。そのため、先輩の中からモデルとなる人を探し出すことが重要だと日野原先生はいいます。先生は、カナダ出身の医学者・オスラー（78頁参照）を生涯にわたって自分の手本にしてきました。

老後の自分についても手本が必要で、若いうちから老後の自分を意識すべきだと先生はいいました。「あなたの出会いたい老人が、あなたの将来の像である。人の中にあなたの将来の姿をみる」に続く言葉では、出会う人を「あなたの鏡」と表現しました。

24

誰か自分の理想のモデルとなるような人物に出会ったら、その人が影響を受けた人の本も読むと、より深く学ぶことができるはずです

25

あなたの出会う人は、あなたの鏡かもしれない

第55代内閣総理大臣（1884〜1973）

主治医を務めた石橋湛山《いしばしたんざん》の言葉

26

人生とは飽くまでも生存を目的とした順応の経過に他ならない

27

自分は職業は別の世界に求めたが、いまでも有髪の僧のつもりだ

28

学問は何でもそうだが、ただ本を読み言葉の上で理屈を知っただけでは、いわゆる畳の上の水練になり実際の役に立たない

「日本人の最高のモデル」人生哲学から多くを学ぶ

石橋湛山は1956年12月に首相に就任するも脳卒中で倒れ、翌年2月に入院。日野原先生が担当医となりました。1ヵ月半に及ぶ入院生活と退院後の往診で接した先生は、湛山を「日本人の最高のモデル」と評しています。住職の家に生まれた湛山の仏教や実践的発想に裏打ちされた人生哲学から、先生は多くを学んだといいます。人間が心も体も環境に順応する生き物であることを意味する湛山の言葉は、先生の自然の摂理に逆らわない生き方に通じています。

29 幸福な人生

その人の才能なり、
その人の持ち前の
仕事や技術を
最後まで使えるような人生は、
最も幸福な人生だ

ヨハン・ヴォルフガング・フォン・ゲーテ
（詩人・小説家　1749～1832）

小さな達成感の積み上げそれが幸福な人生を生む

幸福について述べた名言です。日野原先生は、幸福は獲得するものではなく、「心の状態をいう」としています。ゲーテの言葉をあげ、ささやかかもしれませんが、自分の技術や力を他人に与えて感謝された時に湧く充足感の積み重ねこそが、生きがいのある人生をもたらし、幸せな状態なのだといいました。幸福とは、ごくわずかの望み（希望）で実現するのです。

先生は大学時代に1年間の病気療養という挫折をしますが、ヒルティの言葉に励まされました。

30

人生の幸福は、
困難に出会うことが少ないとか、
全くないとかいうことにあるのではなく、
むしろあらゆる困難と戦って
輝かしい勝利をおさめることにある

カール・ヒルティ
（法学者・文筆家　1833〜1909）

31

「希望」はあまり多くを望みません。
（中略）「願望」は欲深で貪欲《どんよく》なのです

精神科医、心理学者（1905〜1997）

人生の指針としたヴィクトール・フランクルの言葉

いかなる環境でも幸福と運命は自分次第で変わる

32

幸せはけっして
目標ではないし、
目標であってもならないし、
さらに
目標であることもできません。
それは結果に過ぎないのです

著書『夜と霧』が世界中で読み継がれるフランクル。極限の境遇に置かれた彼の言葉は私たちを励ましてくれます。フランクルが生きがいの3原則として挙げたのが、愛し愛されること、耐えること、新しいことを創《はじ》めること。これらは日野原先生が設立した「新老人の会」（134頁参照）の活動指針にもなっています。

33

第一、いつまでも愛し愛される人間であること。
第二、創意を持ち続けること、
何か新しいことを考え、実行すること。
第三、耐えること、耐えることによって
他人の苦しみをも共感できる人間になること

34

どんな場合でも、
自分の身に起こる運命を
自分なりに形成することができる

運命をデザインする

35

人間というものは、自分の運命は
自分で作っていけるものだ
ということを、
なかなか悟らないものである

アンリ・ベルクソン（哲学者　１８５９〜１９４１）

人間は運命も性格も変えていくことができる

ややもすると運命は定められたもので、自分で変えることはできないと考えがちです。しかし、それでは受け身の人生が続くことになります。日野原先生はベルクソンの言葉を通じて、運命が自分の思う通りにデザインできるのだということを伝えたかったのです。

性格を変えられるというのは、先生が生涯にわたって師としたオスラーや、オスラーが多くを学んだアリストテレスも語っています。すなわち日頃の習慣を改めていくことで、性格や身体は自ずと変わっていくというのです。

36

動物は走り方を変えることはできない。鳥は飛び方を変えることはできない。だが、人は生き方を変えることができる

37

性格というものは、意志という自分の強い心で変えていくこともできます

老いのイメージ

38

若い人があまり長生きしたくないと思うのは、彼女たちの目に老人が魅力的に映っていないから、とも言えそうで残念です

年をとるにつれて、時がたつのを早く感じる

ピエール・ジャネ
（心理学者、精神科医　1859〜1947）

39

本当は敬う言葉の「老」　老いることの素晴らしさ

今の社会では老いることがマイナスイメージでとらえられていないでしょうか。「老」という言葉を避け、「老人」を「高齢者」などと言い換える人もいます。それに対する日野原先生の考えは「むしろ老人と呼ばれたい」。本来「老」という言葉には「経験を積んでいる」、「年をとることによる知恵」という意味が込められ、敬う言葉なのだといいます。老いの魅力を伝える上でしばしば取り上げたのがホイットマンの詩。老いの素晴らしさを謳い上げ、励ましているのです。

40 41

私はむしろ老人と呼ばれたい

君は知っているか、
ひょっとしたら「老年」というやつが
君たちに劣らぬ
優美さと力強さと魅力をそなえて、
君のあとからやってくるのを

ウォルト・ホイットマン（詩人　1819〜1892）

年を重ねることの良さ

42

90にならないとわからないことがあるから、君も長生きしたまえ

（秘書・岡村美穂子《おかむらみほこ》を前にして）

鈴木大拙《すずきだいせつ》（仏教学者　1870〜1966）

43

今日きみが失敗して、みんなに笑われて涙をこぼした体験は、いつか友だちが失敗したときに、その気持ちをだれよりもわかってあげられるためのレッスンなのかもしれません

44

ものごとは
受け止めかたひとつで
変わるものです

45

年老いているということは、
もし人がはじめるということの
真の意義を忘れていなければ、
素晴らしいことである

マルティン・ブーバー
（宗教哲学者、社会学者　1878～1965）

新しさを求めることが老いを素晴らしくする

失敗により味わう苦痛は相手の痛みがわかるための貴重なきっかけと受け止めることができます。しかし、そう気づくのは年を重ねてからかもしれません。鈴木大拙がいうように、年をとらないとわからないことはあります。

日野原先生はブーバーの言葉を通して、新しいことに挑戦する限り、老いは素晴らしいといいます。よく引き合いに出したのは、老木の根っこから緑の若木が出ること。老いても常に若さを持ち続けることが自然の摂理で、人間もそう生きるべきだというのです。

出会い

46

類《るい》で群れ合って楽を求めているかぎり、社会に、未来を切り拓《ひら》くような力がみなぎることはありません

47

それらの娯楽において、最も多くの老人を最も楽しませた若者を讃えなさい

プラトン（哲学者　前427〜前347）

48

新しい友達と出会い、コミュニケーションをとり、行動することによって、あなたの人間的かつ文化的な環境が変わるのです

49

私は今日までに出会ったすべてのものの一部分である

アルフレッド・テニスン

（詩人　1809〜1892）

若い人と交わることが自分にも社会にも大切

日野原先生は、居心地のよさを求め、多くの人が同じ世代同士で固まりがちだが、老若男女が交じり合うことで初めて社会が活性化すると、すすんで異世代交流を実践しました。人生の中で得られた知恵は、若い人に混じって伝えたいものです。

また先生は、テニスンの言葉やゲーテの「ある人の今持っているもっとも優れたものは、先人に負っている」という言葉をあげて、謙虚であることの大切さも伝えています。

病いと健康

50

病いはわれわれを
己の内に連れ込んでくれる

メーヌ・ド・ビラン
（哲学者　1766～1824）

51

病気を体験しないと、
患者の体や心の痛みは
わからない

病気をしてわかること
健康は感謝の気持ちから

日野原先生は病気をしたことで患者の気持ちがわかるようになったといいます。また、病気は自らの内面を見つめるきっかけにもなります。

このように病気になることは悪いことばかりではありません。年をとるにつれ、体のどこかが衰えるのは人間ならば当たり前のことです。基準値などにこだわり過ぎず、健康な気持ちを抱き続けるのが大切なのです。生きて今日という1日を過ごせたことに感謝する心持ちこそがヘルシー、すなわち健康な状態だと先生は考えました。

52

私たちは、
「欠陥があるにもかかわらず
健やかである」という生きかたを
求めていくべきだと思います

53

「私はきょう生きてきてよかった」
というふうな、そういう感謝、
あるいは満足感を持つことができれば、
その人はヘルシーな人だと思うんです

自分の死を意識する

54

人間は死という種を持っている

ライナー・マリア・リルケ（詩人　1875〜1926）

55

父に亡くなられて、私は初めて自分の行手に置かれている死の海面を見た

井上靖《いのうえやすし》（作家　1907〜1991）

56

まず最初に終わりを考えよ

レオナルド・ダ・ヴィンチ
（芸術家　1452〜1519）

57

まず最終のことを習ふて後に他生を習ふべし

日蓮（僧　1222〜1282）

自分の死を考えて今をどう生きるか考える

リルケの言葉は、若いうちからすでに老いや死への準備が体の中で起きていることをいっています。この言葉をよく取り上げた日野原先生は、同時に井上靖のような大作家も含めて多くの日本人が、身内の死に直面しない限り、死をなかなか自分のこととして実感できないのだともいいます。

大切なのは、若いうちから自分の老いや死について考え、そこから逆算するように今をいかに生きていくかを考えることです。だからこそ子どもの頃から死の教育が大切だと考えていました。

聖書の言葉

58

一粒の麦
もし地に落ちて死なずば、ただ一つにてあらん。
もし死なば多くの実を結ぶべし
（ヨハネによる福音書12章24節）

59

試練と共に、それに耐えられるよう、
逃れる道をも備えていてくださいます
（コリントの信者への手紙一10章13節）

死について考えさせる聖書の言葉の数々

ルカによる福音書の言葉は、最期の時を迎えた患者が死期を尋ねた際に、日野原先生が紹介した聖書の一節。誰でも死はいつ来るかわからない、思ったより早く来るかもしれないことを伝え、常日頃から心の準備をすることが大切だというのです。ヨハネによる福音書の言葉は、一つの死が多数の再生をもたらすという教えで、先生はよど号ハイジャック事件の際に必死の思いの中、機内で読んだ『カラマーゾフの兄弟』に書かれたこの言葉を目にし、心がやわらいだといっています。

60

家の主人は、盗賊がいつごろくるかわかっているなら、自分の家に押し入らせはしないであろう

（ルカによる福音書12章39節）

61

死ぬる日は生まるる日にまさる

（コヘレトの言葉7章）

人生の旅路

62

峠と云つても、
向ふは下りとはきまりません。
（中略）山の上にも山があり、
山の奥にも山がある。
人の生の旅は、ただ上りです

徳冨蘆花《とくとみろか》（小説家　1868〜1927）

老いは下り坂ではない死も生の一部

私たちは、老年期を社会人の、死を人生の終わりと考え、老いと死を社会活動や人生から切り離してとらえがちです。そうではなく、老いや死が生きることの一部なのだと、これらの言葉は教えてくれます。徳冨蘆花の言葉を引いて、自分らしさを発揮する人生は挑戦のハードルが続くのだと、日野原先生はいいたかったのでしょう。ハイデッガーについては「死というのは、人生における最後の挑戦である」という言葉も取り上げ、人生の有終の美を飾る死を生きぬくことに挑戦すべきだといいます。

63

死というのは人間の存在の最高の山脈である

マルティン・ハイデッガー（哲学者　1889～1976）

64

人間は死に向かって成長する

エリク・H・エリクソン（精神分析家　1902～1994）

本当の平和

65

平和というのは、
世界のどこか
ある場所にはあって、
ほかのところにはない、
というような状態を
けっして指しません

66

（敵意や憎しみを指し）その感情を
だれがコントロール
できるでしょうか。
（中略）感情をいだいている
当人たちだけです

67

「知る」ということは、
実はこんなに重い意味を
持っているのです

世界全体が平和であることが本当の平和

日野原先生はいのちを預かる医師としても、戦争体験者としても、平和運動に熱心でした。一国だけの平和ではなく、世界全体の平和を願っていました。そして争いの根っこにある怒りや憎しみの感情を抑えることで暴力の応酬や連鎖をストップできると訴えます。

さらに、争いや貧困が日常にある人たちの存在を知った瞬間から、その人たちは見知らぬ人ではなくなります。知った瞬間から私たちには責任が生まれ、働きかけが求められることを説いています。

習慣

68

キリスト教には「リトリート」という行為がある。
（中略）長い人生、私は意識的に
その時を持つことを習慣づけてきた

69

人生は多かれ少なかれ、
自動的に繰り返される行動の連続であり、
人生はいわば習慣である

アリストテレス（哲学者　前384～前322）

70

樹木の皮に刻んだ文字のようなもので、その木の長ずるに従って文字も共に大きくなる

サミュエル・スマイルズ
（作家、医者　１８１２〜１９０４）

日野原先生もよりよい人生を送る上で習慣の見直しを重視しました。そのような発想に立ったからこそ、医師としても生活習慣病や予防医学の考えを日本社会に定着させたといえます。

健康にも性格形成にも日々の習慣が大切

57頁でも触れましたが、アリストテレスは日々の習慣が人間の性格や身体を形成すると考えました。

71

自分にとってよくない習慣や癖から脱却したいというときにも、旅は効果的です

「リトリート」とは、日頃の生活環境から離れた静かな所に身を置き、自分自身を見つめ直す行為です。スマイルズがいうように習慣を変えるのは難しいことですが、リトリートや旅をするなどして挑戦したいものです。

教育

72

一家は習慣の学校なり

福澤《ふくざわ》諭吉《ゆきち》（教育者　1835〜1901）

73

教育にとって最大の危機は、家庭教育がなくなっていることでしょう

子は親の習慣を真似る家庭教育の重要性

日野原先生は家庭教育を重視しました。諭吉の言葉は「教育ノ事」と題した論文にありますが、そこでは子どもが見習うものは「父母の行状と一般の家風よりほかならず」とあります。子どもは家庭環境の影響を強く受けるのです。

フルガムの言葉は『人生に必要な知恵はすべて幼稚園の砂場で学んだ』より。先生も日曜幼稚園の礼拝で父から学んだことを振り返り、「人生の知恵は大学院というの山のてっぺんにあるのではなく、日曜学校の砂場に埋まっていた」という彼の言葉に共感します。

74

何でもみんなで分け合うこと。
ずるをしないこと。人をぶたないこと。
（中略）誰かを傷つけたら、
ごめんなさいということ

ロバート・フルガム（エッセイスト　1937〜）

75

子どもをだめにするには、
ほしいものをなんでも
与えることだ

ジャン＝ジャック・ルソー（哲学者　1712〜1778）

医学者、内科医（1849〜1919）
師と仰いだウィリアム・オスラーの言葉

76

医療は科学に基礎を置くアートである

77

医者は、病む「臓器」ではなく、
病んでいる「人」を診るのだから、
人間に深い興味と関心、
難しくいえば、「愛」がなければ
臨床医はつとまらない

78

（医者の「卵」を前に）君たちが遭遇する事件の三分の一は、僕の教科書に書いていない本の中に解決が示されてある。だから、医者は医学の教科書以外の本も読まなければならない

生涯にわたり師とした オスラーの言葉

日野原先生は戦後まもなくオスラーの著書に感銘を受け、彼を生涯の師としました。医学教育を教室でなく病床で行うといった臨床重視の発想など、先生の考え方にはオスラーからの影響が色濃くみられます。医の「アート」とは、先生の解説に基づけば「技、つまり患者への接し方や会話の仕方、患者の人間性に深く触れること」です。患者の身体だけでなく内面も十分に理解し、一人ひとりに適した対応をすることが医療には求められ、医療がただの科学であってはならないというのです。

医学への提言

79

疾患は扱えるが
人間は扱えない
という医師が増えてきた

80

私は医療法は時限立法にしたら
よいのではないかと思います

苦しまず大往生したい患者の気持ちに立つ医療

日野原先生は、医師と患者の対話不足、制度に縛られた治療など、医療の問題に数多くの提言をしました。

中でも、患者の気持ちを無視した延命治療には反対していました。免疫学の研究でノーベル賞を受けたバーネットも、死期の迫った患者が苦しまずに大往生を遂げることを願っているといいました。人間が自己の尊厳を保ちながら死に臨むことを願った先生は、無理な延命治療の横行に警鐘を鳴らしています。

81

患者に害を与えるな

ヒポクラテス（医師　前460～前370）

82

医師たるものは二度三度と、老人を死地に追いやってはいけない

フランク・マクファーレン・バーネット
（免疫学者　1899～1985）

最後に医者がすべきこと

83

ドクターは往々にして「don't, don't」といいます。（中略）本当に患者さんや家族が喜ぶのは、もう少しおやりなさいということです

84

ときに癒すことができる
やわらげることはしばしばできる
だが、患者を慰めることはいつでもできる

アンブロワーズ・パレ（外科医　1510〜1590）

85

いよいよ
患者の死は近いというときに、
私たちがしなくてはならないのは、
医師としてこの人の
命を延ばすこと以上に
何をすべきかを考えることです

86

人間をして最後まで
「考える葦《あし》」にすることが、
医学の最高の使命で
あるといっていい

治療以上に大切なケア
医師が最後にすべきこと

日野原先生はパレの言葉を引用し、医者が治せる病気は少ないと指摘しました。風邪でさえ、症状を緩和するだけで、病気を根本的に治療する薬はないのです。では、医者に求められることは何か。そこでも先生はパレの言葉を取り上げ、治療だけでなく、患者のケアが大切だと唱えました。78頁で紹介した医の「アート」とは、患者の気持ちを理解して患者の望む治療・ケアを模索すること。患者の生きる意欲を引き出すために、「やるな」と禁止せず「やりなさい」と勧めることも必要なのです。

看護

87

経験のない悲しみにも共感できなければならない。その感性がないのなら、看護婦になるのはやめなさい

フローレンス・ナイチンゲール（看護師　1820～1910）

88

看護師を代表する人を（病院の）重要な位置に置かないと、医療はよくならない

89
医師も看護婦も、共にそのゴールはケアでなくてはならない

90
医学は究極は人命救助に破れて沈黙せざるを得ないのです。それがサイエンスです

医師と看護師が対等に患者をケアする体制作り

治療優先で患者の気持ちを考えない医療のあり方を日野原先生は批判しましたが、日本の医療が医師中心に作られ、看護師の立場が働きに見合っていないことも問題視しました。先生は、人間は誰もが死ぬのだから医療には限界があり、患者の心のケアが重要だと考えたのです。そして患者と接する機会が多い看護師の任務は重大であるとし、医師と看護師が手を携えて患者をケアする体制の確立を唱えました。そのため、聖路加国際病院では副院長の席の1つを看護部長が務めています。

看取るときに

ユーモアは死ぬ前でも必要なの

91

患者や家族から多くを学ぼうとした

これらの言葉は多くの臨終に立ち会った日野原先生の実感です。身体にチューブを通されて会話もできず、家族との面会も謝絶されたまま死ぬことは、本人や家族にとって不本意なはずです。

先生が医師として初めて受け持った16歳の少女。自分が死ぬことを悟った彼女は、先生に母親への別れの言葉を伝言したのですが、治療に熱中するあまり取り合わないでいるうちに彼女は亡くなりました。先生は若い頃のこの苦い体験をよく取り上げ、患者から多くを学んだといっています。

92

患者さんの心臓が
かすかながら打っているうちに
お別れができれば、
家族は肉親の死を
穏やかに受け入れることができる

93

私は医学を教科書で学びました。
それから先輩である
先生からも学びました。
だけど、一番大きなものを
教えてくれたのは、患者です

ホスピス

94

ホスピスや緩和ケア病棟は
患者の死ぬ場所ではないということを、
私たちはもっと教育しなければなりません

95

終わりよければすべてよし

ウィリアム・シェイクスピア（劇作家　１５６４〜１６１６）

96

いのちに齢を加えるのではなく、齢にいのちを注ぐようにしなさい

ハワード・A・ラスク（医師 1901〜1989）

1993年、日本で最初の独立型ホスピスとして神奈川県内に設立された日野原記念ピースハウス病院

最後の瞬間まで生き抜くホスピスの発想

日野原先生は、がんで余命幾ばくもない患者が生きていてよかったと実感することで、その人の人生に有終の美を飾ることができるのではないかと考えました。この思いがホスピスを作る原動力になったといいます。リハビリテーション医学に取り組んだラスクが師から学んだという言葉は、患者が今ある時間を有意義に過ごせるように希望を与えるのが医師には大切だということを意味しています。

希望

97

ガンの末期状態にあっても、
明日という日に
何かの望みがあれば
人間は生きられるのです

98

人間は、「何かをしたい」という
強い気持ちを、
死の間際まで持っているのです

99

たとえ、世界が明日終わりであったとしても、私は林檎の木を植える

マルティン・ルター
（神学者　1483〜1546）

人間は死の間際まで希望を持ち続ける

これまでに紹介した希望や生きがい、老いや死に関することばは日野原先生の末期医療に対する考えに通じます。私たちはまもなく死を迎える人に対し、「いつまで生きられるか」ばかりを考え、最後の最後まで連続した生を送り続けようとしているとはなかなか考えません。しかし、先生はホスピスでは最後まで希望を持ち積極的に生きた人たちがいることを報告しています。ルターの言葉は父・善輔が説教で用いたブラウニングの言葉（37頁参照）に通じます。

最期の言葉

100

私は
人間の贈り物の中で
一番素晴らしいのは
言葉だろうと
思います

産声から死の間際まで言葉は最高の贈り物

多くの患者が、家族らにお別れの言葉を述べることもできずに死を迎えるのが現状です。そんななか、日野原先生は患者が最後に言葉を残せるようにケアすることが大切だと訴えました。

最後に感謝の気持ちを述べることとは、65頁掲載の毎日を感謝する言葉に通じます。日々感謝の心を持つ感覚が死ぬ際にも発揮されることが大切で、先生はこれを「平静な心」と呼びました。鈴木大拙（60頁参照）は亡くなった瞬間がわからないほど、静かに天国へ旅立ちましたが、そんな最期です。

101

ターミナル・ケアでは、
患者さんが言葉を
最後に残せるように
ケアすることが
非常に大切だと思います

102

最期の時にはきっと
周りへの感謝を伝えたいと
希望するだろう。
（中略）ただ、
感謝の思いだけを伝えたい

新たな旅立ち

103

つかの間、自然の摂理に身を委ね、
静かに旅の終わりを迎えるがよい。
オリーブの実が熟して落ちる時、
支え続けた枝を祝し、
いのちを受けた幹に感謝するように

マルクス・アウレリウス・アントニヌス
（第16代ローマ皇帝　121〜180）

与えることと感謝の思い理想の死

「死が少しも怖くない」とは日野原先生が亡くなる2週間前の言葉（117頁参照）。身体が衰えゆく日々や訪れる死という瞬間にすら新たな発見を見い出そうとしたようで、その姿勢が死の恐怖を楽しみに変えていったといいます。

他者のために与えつくした思いで死を迎えられたことを謳ったタゴールの詩やアントニヌスの言葉に、先生は理想的な死の姿を見ました。最晩年はベッドで祈りの姿勢をとられていましたが、他者のために生きることと感謝の気持ちを忘れぬまま、旅立たれたのです。

104

わたしの頭陀袋《ふくろ》は空っぽだ。
――与えるべきすべてを
わたしは与えつくした

ラビンドラナート・タゴール
（詩人、思想家　1861～1941）

105

いまはもう
死が少しも怖くない

日野原重明アーカイブ

医師としての仕事の合間に、新聞・雑誌に多くの寄稿をされていた日野原先生。よど号ハイジャックの人質から解放された直後に書かれた手記や、終戦日を振り返ったエッセイなど、いまだ色あせない4編の記事を収録しました。

●よど号ハイジャック事件で人質となった先生が、解放された直後に書かれた手記です。

医師がみた七十九時間の監禁生活

（朝日新聞1970年4月4日夕刊より）

聖路加病院内科医長　日野原重明

羽田を飛び立ってから約十分後、赤軍派の学生が急に行動を起こした。そのとき最前列の座席にいた五十歳くらいの元気な男性が、操縦席にはいって行こうとするグループに、うしろから組みつき押さえようとしたが刀の棒でなぐられると いう騒ぎがあった。私は後ろから二つ目の通路寄りの座席にいたが、この格闘騒ぎとほぼ同時に通路の中央部で刀を抜いている二人の男を見つけ、一瞬「この男、気が狂ったのかな」と、ドキリとした。そして、赤軍派のリーダーが「北朝鮮行きの犠牲になってくれ」と説明したときは、ただア然とした。

通路側の人はうしろ手に、窓寄りの人は合掌の形で手をしばられ、さらに前半の通路側の人は立上がれないように、座席にからだをしばりつけられた。乗客にとって最初の苦痛は尿意を押えることだった。私も朝食を食べずに飛行機に乗ったのだが、緊張のためか、小便がしたくなった。赤軍派は、はじめは「生理的現象も辛抱してもらわねばならぬ」と訴えた。

しかし、一時間ほどたつと、年配の人が悲痛な表情で訴え、許されるようになった。

時計を見ることができなかったので時間がわからず、福岡に着くまで予定の二倍もかかったように思った。恐怖のさなかには時間が長く感じられるだろう。

間もなく北朝鮮行きもやむを得ない、と観念して、ただ無事につれていてくれさえすればよいと思うようになった。みんな恐怖から口をつぐみ、つけっ放しになっていた機内放送のムード・ミュージックも悲しげに聞えた。

小さな子どもたちはどういうわけか刀を見ても驚かず、福岡に着陸したときも「どうして降りないの」と親に質問していた。「老人や子どもをおろす」と赤軍派が発表したときは、私もほっとした。

第一日の食事は、日航の朝食用のサンドイッチとスープだけだった。スチュワーデスは「いたんでいるかも知れないからソーセージは食べないでください」と注意していた。私は、おなかがすいていたが、サンドイッチは半分も食べられなかった。たぶん、緊張していたせいだろう。

金浦空港での最初の夜は換気装置が止ってしまい、人いきれもまじってむし暑くて苦しかった。それは、後ろの席ほどひどかった。しかし、三三度は越えなかったと思う。朝からほとんど水分をとっていなかったため、油汗が少しにじむ程度だった。

夜八時に一人につきサンドイッチ二枚の差入れがあったが、水が不足していたらしく、ジュースと水を合わせて百ccほどしか配給されなかった。初日の私の水分摂取量は二百五十ccぐらいだった。人間は一日に千五百ccほどの水を必要とするので、このような脱水が二―三日つづくと参ってしまわないかと、内心、心配した。

トイレがあふれているだろうと機外の人たちは心配していたようだが、水が出なくなったため、ちょうど水洗でないいなかの駅の便所ほどに汚れた程度でたいしたことはなかった。そのためにいくらか機内に臭気がただよった。

睡眠は、最初の夜から赤軍派が午後十一時からと決め、明りを暗くした。私は羽田をたつ前夜、九州での内科学会の準備で一時間しか寝ていなかったのに、緊張で居眠りもせず、夜も三時ごろから七時ごろまでまどろんだだけだった。

一日の夜になると、乗客のだれもが、これは長期戦になるというあきらめムードになり、案外よく眠ったようだ。ところが、二日の夜になって、金浦で降ろされるメドがつき、明るいムードが機内に流れるようになった。この安心感で眠れそうに思ったのに、かえって興奮し、一番眠れない夜になってしまった。

長い間すわっているわけで、体はかたくなって痛かった。トイレに行った時に屈伸運動をしたり、座席で立上がって伸びをしたりするのが唯一の運動だった。また、フロにもはいらず、顔も洗えず、みんなが汚れた感じだった。一部に伝えられるような、精神錯乱状態などはなかった。赤軍派が食事の差入れにも抵抗して拒否しようとした時、中年の紳士が「われわれの命を大切にするなら、十分に食料も水も入れてもらうべきだ」とはっきりと大声で主張したのが、発狂したと誤り伝えられたものと思う。

とにかく、乗客全員が、まったく受身の状態におかれていながら、どうしてもあきらめきれないという複雑な心境だった。しかし、赤軍派を憎らしいと表現することはかえって逆効果になるとだれもがわかっているので、赤軍派と人間的に接触しようと努力していた。それが、けわしい空気を多少なごめる役割を果していたと思う。

ストレスや不安が重なると、狭

心症や心筋こうそくの発作を起すというのが私の持論で、乗客に中年の人が多く、こういうときがあぶないなと感じていたが、さいわいに起らなかった。年配の人で気管支炎の持病のようなセキをする人がおり、便秘する人もいたが、そのほかには、これという病人も出なかった。

私たちも病人が出ると困ると思っていたが、赤軍派も気を配っており、最後の日には、赤軍派の学生たちが平生飲んでいる薬の種類などを乗客に聞いて回りメモを作った。それを私と吉利和東大医学部教授とが協力してリストにまとめあげた。長期戦に備えてこれらの薬を日航側に要求するはずだったが、これは結局ムダに終った。

食中毒にも赤軍派は気をつかっていた。連絡が悪いのか、日航からきた食事が差入れられずに長い間、飛行機の外におかれていたりするので、くさりやすいものは食べるなとスチュワーデスを通じて注意していた。

スチュワーデスが手のロープをはずされて通路を行き来する時は、乗客は解放感をおぼえて何となく気持が軽くなる思いだった。スチュワーデスの笑顔がどれほど乗客の心に慰めを与えたかわからない。

百人以上もの人間が、精神的にも肉体的にも異常を起さず、なぜ耐えられたのだろうか。私は次のように考える。まず、医師数人がいる集団であるということをみんなが知っていたことだ。われわれが直接、診察しなくても、乗客全員に暗黙の安心感があったと思う。また、これだけ多勢の人間を赤軍派の学生もそう簡単にはあしらえまいという自信もあったろう。同時に、全員が同じ苦しみを分ち合っているという隣人意識も強いささえであった。そして、もう一つは、われわれの側の統率者である機長への信頼だろう。ときどき機長がマイクで現状を報告してくれた。その内容がたとえ赤軍派のいったことと同じものであっても、乗客はその声に全幅の信頼をおいていたのである。

●雑誌の戦後65年特別企画「私と玉音放送」をテーマに書かれたエッセイです。

礼拝堂に響いた嗚咽の声

（「新潮45」2010年8月号より）

聖路加国際病院理事長　日野原重明

大本営の情報局からあらかじめその日時が予報されていたので、日本の全国民が天皇陛下の玉音放送を聞くために公の場、またはラジオの前に座してその時刻を待った。

この放送日の7日前まではB29機は毎夜深夜になると伊豆半島南端から日本本土の上空に現れていたが、その後は東京上空に現れることがなくなり、日本空軍の偵察機と思われる飛行機の影しか見かけられなくなったことは何となく不気味に感じられた。沖縄では日本軍の将兵だけでなく、住民もが自決したとの報を受けていた後だけに、間なしに玉音放送があると聞いた時、東京市民はそれぞれの心の中に敗戦の事実を受け入れていたと思う。

さて、私自身は京大医学部2学年となる春に肺結核と左側結核性胸膜炎にかかり、結核の化学療法のない時代だったので、8ヵ月間も自宅療養をつづけようやく回復した。1年後に受けた徴兵検査では丙種合格との判定であったが、戦時下に召集がくるのは甲種と乙種のみで、丙種合格とは事実上不合格を意味するものであった。

しかし、太平洋戦争が激しくなって、日本軍の全面的な敗退が知られるようになり、特に3月10日の東京の大空襲があってからは、自宅の地区の在郷軍人から、丙種の者でも敵軍が内地へ上陸となれば、武器はなくても竹槍で防戦せよと、訓練を強要された。

明治10年生まれの私の父は23歳の時から米国に2回留学し、太平洋戦争の開始の2年前にも米国での講演旅行をしていたのであるが、その父からは日本の戦闘力が米国に明らかに劣ることと、アメリカ兵といえども、星条旗の下には、死を覚悟して戦う愛国心が強いことを常々聞かされていた。日本の真珠湾の奇襲は、ワシントンの野村吉三郎駐米大使が日本からの来栖三郎全権大使と共に、米国政府高官と交渉中に起こしたということを、私たちは後に知った。日本人が昔から大切にしてきた武士道精神を破っての行動だったことを知らされたのである。私は父と共に日本の敗北は当然だと思っていたのであるが、このことを口外すると非国民と言われるので、これは二人の間で秘とされていた。

そこで、もし日本が無条件降伏を受け入れることが本当に天皇陛下の意図であるとすれば、それが陛下の口から出れば、さすがの日本将兵も国民も納得するであろうと、私は考えていた。そのような状況下で、聖路加国際病院の橋本寛敏院長は憲兵隊からこの日に玉音放送のあることを通達されていた。そこで院長は8月15日の正午には病院の全職員に礼拝堂の前の広いロビーに集合せよとの命令を出されたのであった。私たちはこのロビーに集まり、正午の時間を今か今かと待っていた。

そして、その定刻に天皇陛下の朗々たる声がラジオを通して聞こえたのである。日本軍は戦局の悪化を前に武器を捨てて無条件降伏をあえて受けざるを得ないことが陛下の口から述べられたのであった。

病院の職員一同は涙して、天皇陛下のこの玉音に私たち国民は従わなくてはならないと感じたのか、嗚咽の声を上げていた。父と共に必ずくると信じていたこの日が、いよいよきたのであった。よかった、これで辛い戦争も終ったという喜びと、アメリカ兵はもうこれ以上日本国民一人一人に乱暴なことはしないだろうとの安心感を、皆がもったに違いない。しかし正直に感想を交わすわけにもいかない。職員の嗚咽は長く止まらなかった。

この無条件降伏の宣言のあと、東京や千葉の上空に若い将兵、特に空軍の将兵が戦闘機を飛ばしたが、一般の国民はその玉音は絶対者の言葉であるとして納得したのだ。

B29機がまいたビラ

日本海軍のトップは陸軍参謀の企画した真珠湾攻撃には疑念を持っていたと聞いたが、東条大将の強い行動力でこの戦争が起こされ、間違った戦略を無理矢理に進め、最後は敗戦に至ったものと私は考えていた。

この玉音を聞いた私は、日本は今後無条件に米国とは仲良くして行動する以外には手はないと思った。

昭和20年の春、東京大空襲のB29機からまかれたビラには「米国ミッションにより建設された聖路加国際病院には爆弾を投じないから、早く手を挙げて降伏せよ」との文章が書かれており、終戦までその言葉通りに私たちの病院は空襲を免れたが、マッカーサー元帥がＧＨＱを宮城前の第一生命館に設けてから2週間後には軍医が私たちの病院を訪れ、「2週間以内に病院の全入院患者をどこかに送り、病院を空にせよ。ここを連合軍の第42陸軍病院として接収する」と宣言した。私たちはやむなく病院を明け渡したが、それから10年の間、ここは朝鮮戦争の傷病兵を受け入れる野戦病院となったのである。

その後私はＧＨＱの衛生方面の責任者のサムス軍医准将とオルト看護課長の了解の下に医薬品や食糧のない日本の難民たちの救済に従事し、また日本キリスト者医科連盟の医師たちと共に従軍牧師のジープで医療や食糧の不足した近郊での医療活動を行った。

●40年前、すでに先生が「成人病」を「習慣病」というべきだと訴えていたことがわかるエッセイです。

成人病に代わる「習慣病」という言葉の提唱と対策——Habit Disease

（「教育医療」1978年6月号〈通巻第16号〉より）

（財）ライフ・プランニング・センター理事長　日野原重明

あいまいな成人病のイメージ

成人病検診とか、成人病対策という言葉が新聞、テレビ、雑誌、講演会を通じて、国民にいやというほど投げかけられています。しかし、皆さんが、「成人病という言葉の意味をわかりやすく説明できますか」と問われた時、果たして即座に答えられるでしょうか。「そうネ……」、「どう言ってよいか……」、「わかっているがどうもはっきり言えない」、「高血圧とか、心臓病とか……癌はどうなのかしら……」など、つぶやくような返答が返って来るように思われます。現に、私が入学早々大学新入女子学生にこのような質問をしましたところ、60％の学生は、「はっきり答えられない」という結果を示しました。

私は、今まで「成人病の管理」とか「成人病の予防」とかいうタイトルでたびたび講演をしたり、書きものをしてきましたが、今となっては、『成人病』という言葉が、聞く皆さんには理解しにくい、抽象的な言葉だったということに気づきます。『膠原病』という言葉も同じように理解しにくい言葉です。医師は、膠原病という言葉をしばしば使っておりますが、あの言葉が医学界に紹介された当初の10年くらいは、「膠原病とは何か」と聞かれたとき、医師でもそれに答えかねる方が多かったのです。

それと同じように、この『成人病』という言葉も、素人の方々には、はっきり理解しにくい、まだ説明しにくい言葉のようです。

『成人病』の語源をたどると…

さて、成人病というのは、もともと厚生省が『老人病』としての脳卒中の対策のために、昭和30年にその対策委員会を発足した時に考えついた言葉です。そして成人病という言葉が使われ始めたのは、60歳になる前に脳卒中という老人に多い病気で倒れるようなことがないようにするにはどうすればよいか、壮年時代からどのように気をつけて生活すればよいかということが論じられたときからのことです。その頃までは、戦前や戦後を通して国民死亡の第一位は、結核であったわけですが、この言葉がでる少し前から、脳卒中が死因の第一位、癌、心臓病による死因がその次に続き、結核による死因は下位に落ちてしまったのです。

結核の検診は、結核予防法により国民に義務づけられてきました。そのようなやり方で、老人病検診といった場合には、「私はまだ老人でない」という人が多くて、受診をする気持ちにならないという人に対して、受ける人の気持ちを参酌して使われるようになったのが成人病という言葉です。

成人病検診というと、血圧測定、尿検査、貧血検査、胃癌の有無の検査などが中心となってきました。症状がなくても、病気がすでに始まっていることがあるから、早期発見の目的でこれらの検査がなされてきたのです。

「習慣病」——日常の悪い習慣が生み出す病気

この説明しにくい『成人病』の代わりに、私は、『習慣病』という言葉を使うことを提唱したいのです。

あなたの日常の悪い習慣から来る病気、何年も何十年も毎日繰り返しているあなたの習慣の中に、何か悪い因子があって、そのために病気がだんだんと作られるそのような病気を総称して、私は『習慣病』と呼びたいのです。

食塩を子供の時から多くとりすぎてきた日本人の悪い習慣、それが高血圧を引き起こします。バターや動物性脂肪などをとりすぎている欧米人の習慣が、心筋梗塞や狭心症のような心臓病による死亡を高めているのです。タバコの吸いすぎの習慣が、心臓病や高血圧、さらに肺癌や慢性気管支炎という慢性病を多くし、これによる死亡を高めているのです。甘いものをとりすぎる習慣、それに運動が不足する、そのために肥満をする、これも欧米人に多いものですが、日本人の間にもこのような習慣がだんだんとはびこってきたために、糖尿病にかかる人が多く、糖尿病のために動脈硬化も進行しやすくなるのです。

ひどく熱い汁もの、その他の熱い食物をとる、よくかまないで急いで食べる習慣をもつ日本人には、胃癌その他の消化器の病気が多いのです。特に胃癌は、欧米人に比べると日本人はけたはずれに多いのです。

精神的なストレスが、心臓病、胃、十二指腸潰瘍を起こすのです。心に余裕のない生活、運動などをして気持ちを転換する機会をもたない行動習慣の人などのように、社会生活の中で、ストレスの多い日常習慣がこれらの病気の原因ともなっているわけです。

文明になり、自動車が普及してくる、そのために運動をしなくなること、また、エレベーターがどこにもあるので階段を歩いて上がらない、じっと座ってテレビばかり見ている、という行動習慣の人は肥満になったり、また、心臓病を起こしやすくなったりするのです。

以上、生活習慣、ライフ・スタイルの中に誤った因子があって、それが何年も積み重なるうちに、その悪い習慣の連続がいろいろの習慣病を作るのです。

その『習慣病』の中の具体的な病気は、『成人病』という言葉で代表される内容と一致するのです。

高血圧、脳卒中、心臓病、癌、糖尿病、慢性気管支炎などです。

あなたのライフ・スタイルは?

あなたの習慣が、あなたの病気を作っているのです。病気の予防をしたり、悪化を防ぐには、薬や注射はあまり効果がなく、また早期に病気を発見するということも病気の予防ではないのです。そのことよりも、あなたの生き方、ライフ・スタイル、暮し方のあやまりが将来の病気を発生させるのです。予防するにはあなたのその「生き方」を変えざるをえません。

どう正しく食べるか
——食事習慣
どう正しく働くか
——生活習慣
どう正しく運動し、休養するか
——運動・休養習慣
どういう気持ちで生活するか
——精神衛生習慣

習慣病への対策

習慣病への取り組み方は、次の三つの段階に区別して考えるべきです。

第一段階——医師やナースから、あるいはその他の良心的なマスコミから正しい知識(knowledge)を得ること。

第二段階——知識を教えてもらうだけではダメです。それをどう自分のものとして受け取るか。あなたの受けとめる態度、また感じとる(feeling)態度が本物か。

第三段階——知識を持ち、そうだと感じるだけで弱音をはいたり、くじけるのではどうしようもありませんん。「ではこう習慣を変えてやろう」という「意志決定」をすること(willing)が大切です。そして、その方法を自ら正しく選択して「実践」する（performance または practice）こと。

以上の knowledge と feeling と practice。

新しいよい習慣を自分で実践すること、それがあなたの習慣病を予防し、あなたの健康を増進し、長寿のもとになるのです。知識は医師や看護婦から与えられることができますが、しかし、習慣を変えることはあなた自身が行動する問題です。あなたが実践し、あなたの家庭が実践する以外には、望ましい健康への道はありません。

あなたが作るあなたの健康

習慣病へ挑戦するために、元気を出して健康への実践運動を日本中に広げようではありませんか。これこそ国民参与の健康運動で、国民にこころと体の健康運動が本当に盛りあがっていくことです。そのような日本を世界に示すことこそが、文化国としての日本を実証するのです。そのような人間を海外に送り出すことは、世界のために最も意味のある貢献をすることになるのです。健康な人間の宝庫——それが日本の世界に誇るべき姿なのです。

健康のために適度な運動を勧めていた先生は「バルーンエルダリー」という老人ソフトボールチームも設立していた

●最期まで健康で生きる喜びを感じられる長寿社会をつくるにはどうすべきかを提言しているエッセイです。

最期の日、生命に感謝できるか

（「現代」1999年7月号より）

聖路加国際病院理事長　日野原重明

すべての生物が背負う宿命――それが死である。りんごの実に種がある如く、人間の体内には死が内蔵されていると、リルケは言った。時は移り、寿命を決定づけるものが、遺伝子にプログラムされた情報であると解析されるに及んでも、この宿命から逃れる術はない。人は生まれた瞬間から、約束された死に向かって、まっすぐに歩き続ける生物なのである。

高度に進歩した医学といえども、内蔵された死には無力である。現在の医療とは、死への途上で発生する傷病に対処し、イレギュラー的に接近する死を遠ざける行為に過ぎないのだ。

しかし、ここで疑問が生まれる。人間の遺伝子には、およそ八十歳までの生がプログラムされているといわれるが、だとすると、なぜ若くして病に倒れたり、生体機能が著しく劣化する者が出るのだろうか。高齢になるほど、衰えは当然のこととして受け入れられるが、本当に抗えないものなのだろうか。

我が国は、世界で一番の長寿国だとされている。現在のところ男性の平均寿命はおよそ七十七歳、女性は八十四歳であるが、死までの時間の長さが、そのまま健康度の高さを示すとは限らない。

六十五歳以上の高齢者千八百万人の健康度を三つに分類し、その分布を調査したデータがある。それによると、全体の五〇パーセントが在宅で普通に自立して生活している高齢者。また、心身的に健やかで、生産的な仕事もできる、恵まれた高齢者が二五パーセント。そして、残りの二五パーセントがなんらかの介護を必要とする高齢者であると報告されている。

さらに、最期のグループの五分の一、つまり高齢者全体の約五パーセントにあたる九十万人は、寝たきりや痴呆など、他人の介護なしではまったく生活できない人々である。

寝たきりと痴呆、これに虚弱老人を合わせた人数は、二〇〇〇年で二百八十万人、二〇二五年には五百二十万人に達すると推計されている。現在でもそうだが、こうした人々のなかには、劣悪な環境下、鼻から管を通されたり、おむつをあてられるなどして、捨てられたように、ただ寝ているだけという、悲惨な状態に置かれる老人がいることを忘れてはならない。

生きていることに喜びを感じられるような長寿社会を達成させるには、健康度分類のなかの自立した老人や、生産行動に参加できる老人を一人でも増やす努力をする以外に途はない。

しかし、世界一の長寿大国である日本において、どのような策が残されているのだろうか。ここで、思い出してもらいたいのが、冒頭で述べた遺伝子プログラムと寿命の関係である。

もしも、病や生体機能の劣化を除去できたなら、人は遺伝子に組み込まれた命の設計図をフルに活用し、生を謳歌できるはずである。ならば、これを阻害するものはいったい何か？　その正確な答を導くのはきわめて難しいが、すくなくとも各人の生き方、あるいは生活態度といったものに、その謎を解くカギがありそうである。

過剰なカロリー摂取や喫煙、運動不足やストレスなど、本来自分の体に備わったポテンシャルを低下させる要因が身のまわりには数多く存在する。これらに注意を払い、己を律する努力を怠ると、与えられた生命を十分に使いこなすことができなくなるのではないか――こうした考えに則り、提唱されるようになったのが〝セルフケア〟である。これは、自分で自分の健康管理を行うことで健やかな心身を保持し、医療や介護が必要にならぬよう、コントロールしてゆくというものである。

　死が訪れるまでの年月を、誰からの援助も受けることなく自立して生活する――そんな誰もが求める健康な人生は、セルフケアなしでは実現しない。

　これは、単に自分の健康が守られるというだけではなく、医療費をはじめとする社会の経済負担をも軽減する。さらに、高齢者にも元気な人が多くなれば、仕事やボランティアへのマンパワーも増大する。セルフケアは、誰もができる社会貢献そのものなのだ。

六十五歳はまだ若い

　セルフケアの特徴は、その簡単さ、手軽さにある。例えば過食や美食を控え、年齢に応じたカロリー摂取をする。あるいは体力が落ちないように適度な運動をするといった些細なことでかまわない。

　日本ではあまり知られていないが、「ディスユーズド・シンドローム（廃用症候群）」という考え方がある。頭や体は、使い続けていないと健康を支えられなくなるというものだ。

　私は今年で八十八歳になるが、空港の動く歩道などは一切利用しない。両手に十キロの荷物を提げて、まわりの人達と競争することを常としている。病院でもエレベーターは使用せず、努めて階段を上り下りしている。

　ただ、足を滑らせたときのことを考え、必ず手摺りには手を掛ける。万が一にも骨折をしないように注意するという、こういうこともセルフケアの一部分なのである。

　頭脳も使えば使うほど磨かれる。人間の脳は四分の三が眠っている状態であり、使い込むことで活性化されるのだ。私は朝七時半には病院に出て、夜は一時頃まで手紙や原稿書きに費やしている。海外出張から帰った直後に、十三時間連続で執筆したこともあるが、まったくストレスを感じなかった。

好きな道を選択し、社会に役立つ仕事に打ち込めば、負担など感じることなく、現役のまま活動できるのだ。

定年を迎える年齢になっても、肩を落とすことなどなにもない。六十五歳なら、人生はあと二十年も残されているのだ。その年齢以降は、さまざまな雑用から解放され、最も自分らしく集中できる時間がもてる。与えられた時間を生きがいのあることに投資し、社会に還元していくには、まさにうってつけの時期なのだ。

やりたいことが山ほどあり、二十四時間が飛ぶように過ぎてゆく——生が終わりを告げるその日まで、こんな毎日が過ごせたら、どんなに素敵なことだろう。やがてくる最期の日に、命を授かったことへ感謝できるかどうか、人生の善し悪しは、その瞬間に決まるのだ。

移動中の車内でも原稿を執筆していた先生。「書く」ことに情熱を注いでいた

次男の妻・日野原眞紀さんインタビュー

義父は誰にでも居場所を与えてくれた

2017年7月、日野原重明先生は自宅で眠るように天に旅立たれました。
最後まで他者のために生き続けた105歳の生涯でした。
晩年の20年間、先生の日常をサポートし続けた次男の妻・眞紀さんが知る、
先生の姿を語っていただきました。

日野原 眞紀

日野原重明先生の次男・直明さんの妻。NLPコーチングなどのコミュニケーションスキル、マナーの講師として、一般企業や医療・福祉施設の人材育成に携わる

感謝から始まった義父との20年間

亡くなるまでのおよそ20年間、日野原重明先生ともっとも多くの時間を過ごしたのは次男・直《なお》明《あき》氏の妻・眞紀さんでした。先生について語る眞紀さんの瞳には、深い愛情と尊敬が滲んでいます。

義父《ちち》と過ごした20年間は、感謝から始まっています。

私は実の両親とはすでに死別し、兄弟もいませんでした。また、義父には3人の息子がいて、我が家以外の家庭には子どもがいるので

すが、私たちにはいませんでした。以前、カナダ在住の知人から、私たち夫婦のことを「ファミリー」ではなく「カップル」といわれ、非常にショックを受けたことがあります。それ以来、家族という言葉を聞くとその違いをいつも意識するようになっていました。自分には関係のない、手に入れることができないものだという気持ちでした。

　そんなときに、義父が「眞紀さん、あなたが今日からおやりなさい」と、それまで義母《はは》に任せていた経理の仕事を私に任せてくれたんです。自分にはそんな大事な仕事はできないと断ったのですが、義父から「大丈夫」といわれ、その日から手伝うようになりました。

　なぜ、これが感謝に繋がるのかというと、義父は私に居場所を与えてくれたと思うからです。家族を持つことはできないと感じ、このまま老いて、もし夫に先立たれたら……。孤独になる不安を抱えていた私に、義父は役目を与えることで、家族の一員にしてくれたのだと思います。そのことへの感謝は、常に私の中に流れ続け、今も消えることがありません。

「私の中に あなたの場所がある」

　そして先生は、眞紀さんに対してだけでなく、心地のいい居場所を誰にでも与えてくれる人――だったといいます。

　たとえば大人数でお茶会を開いたりすると、なかには全然しゃべらない人がいたりするものです。すると、義父はそんな人に質問を投げかけ、会話に加われるようにいつも配慮していました。側で見ていて本当にすごいと思いました。場にとけ込めなかったりなじめなかったりする人にも必ず光を当ててくれる。だから、義父のいる場に居合わせた人々はとても心地がよさそうなんです。誰もが「先生に忘れられない一言を頂いた」とおっしゃる。義父が亡くなった時も、皆さんが「日野原先生と私の思い出」、つまり個々の思い出を語ってくださる。義父は、いろんな言動で「あなたは、いつも私の中にいますよ」というメッセージを送って、誰とでも一対一の関係を築くことができる人でした。

どんな時でもユーモアを忘れず、人をとがめるようなことばは使わない人でした。〝関西風〟のイントネーションに「なの」ということばを語尾につける義父の話し方には、なんともいえないあたたかさがありました。あれだけの社会的地位があるにもかかわらず、決して偉ぶらず、誰に対してもフラットな関係を築く。義父の対応を見ているとわが身を振り返って、恥ずかしくなることもありました。

――人との出会いを大切にされた先生。毎年、自宅のリビングで30人ほどの若い研修医を招いての懇親会を開くなど、多くの人が家にくることを好みました。

義父は牧師の家庭で育ったので、子どものころから来訪者が多いのが当たり前でした。義父も含めて6人も子どもがいる家庭でしたから、ご飯どきには、お客さんを含めると食卓に何人いるかわからない環境だったといいます。義父はそういうなかで勉強をしていたので、原稿を書く時は、人が大勢いるリビングでさえも集中することができていたようです。

すべての仕事は待っている人々のため

――原稿を書くことが大好きだっ

ニューヨーク郊外にある先生の友人の別荘で撮られた写真

た先生。その集中力の高さにまつわるエピソードを語る時、眞紀さんの頬は優しく緩みます。

義父は原稿を書くのがとにかく大好きでした。元気だった頃は、帰宅すると1分後にはジャケットも脱がずにリビングのソファに座って原稿を執筆していました。移動する車の中でも執筆しているのですが、書いている間は時間を忘れるみたいで、目的地に到着すると、「もう着いたの？」と驚いていました。校正刷りを読むのも大好きで、出版社から届くと真っ先に夢中になって目を通していました。お食事ですと声をかけても食卓に来てくれず、料理が冷めてしまうこともしばしばでした。

だから私の義父のイメージは、いつもボールペンを持っている人。ゲル式のゼブラのボールペンを愛用していて、毎月何十本も買っていました。ペン先をしまわずに胸ポケットに入れてしまうので、どんな洋服もインクで汚してしまうんです。講演会の前に胸ポケットにインクのシミをつけたときも、「大丈夫、大丈夫。腕で隠すから」といって、まったく気にならない様子で笑っていました。

先生は高齢になっても短時間しか眠らず、仕事に没頭していました。その背後には「使命感」があったと眞紀さんはおっしゃいます。

義父は、自分を待ってくれている人たちがいるといって、どんなに疲れていても仕事を休むことはありませんでした。仕事に打ち込む人生だったので、仕事では世界中を飛び回ってきたのに、プライベートな旅行は99歳になって初めて経験したくらいでした。器が大きくて深く、自分がどんな状態でも、求められれば這ってでも仕事に行きました。39度の熱があった時に講演会に行こうとして、周囲が止めたことがありましたが、譲りませんでした。そして立派に自分の仕事を果たしてしまうんです。

死への恐怖を楽しみに変えた最期

— 先生と眞紀さんの関係をよく

知る人は、彼女を「最高の介護人だった」と評します。一緒に過ごした最期の8ヵ月間は、ふたりの間にどんな時間が流れていたのでしょう。

私は、自分がしたことが介護だという認識はないんです。確かに介護行為はしますし、忙しくもあったのですが、自然の流れで特別なこととは思いませんでした。もし自分がしたことが特別なのだとしたら、それは私ではなく義父が素晴らしい人だったからです。

　義父は私に日常生活のサポートを全面的に委ねてくれました。晩年は、たとえば、ベッドから起こす手伝いをする時も、どうすれば私が楽に手伝えるか考えて動いてくれました。義父がインタビューを受ける前に髭を剃ろうとすると、私がやりやすいようにほっぺを膨らませてくれるので、思わず笑ってしまうこともありました。そうやって協力してくれる姿勢に、私が助けられていたのです。

　先生を心から敬愛していた眞紀さん。だからこその葛藤もありました。

　義父がしたいということは全部してもらいたいと思う気持ちと、長く生きてもらうために少しでも危険なことはしてほしくないという気持ちが闘っていたこともありました。

　一度、誤嚥《ごえん》性肺炎を起こしたことがあり、次に起こしてしまったら……という恐怖がありました。本人はしっかり焦げ目のついた固いトーストを食べたがったりするのですが、危険性を考えると……。その時、初めてケンカをして、ちょっと険悪な雰囲気になり、二人とも半日口をきかないということがありました。私が近づくと義父は寝たふりをするんです（笑）。今思い返すと微笑ましいのですが、結局、どちらからともなく心がほどけて、気がついたらいつもの関係に戻っていました。義父はあの頃、自分の身体でいろいろ試すことで、死を受け入れる準備をしていたのだと思います。

　2017年1月のインタビューで、日野原先生は死ぬことについて「とても恐ろしいことだと感じています」と答えています。しかし、亡くなる2週間前には「いまはもう死が少しも怖くない」と語りました。

父は固いトーストやカリカリベーコンが食べたいだとか、一見わがままに見える要求をすることで、今の自分の身体では何ができるのかという確認をしていたのだと思います。実際にやってみてできないとわかったら、それ以上無理をいうことはしませんでした。そして、身体が衰えていき、その先にある自分の死を客観的に見て受け入れようとしたのではないでしょうか。「これから自分に訪れる死という瞬間を、観察してみよう」、そうやって死への恐怖を楽しみに変えていったのだと思います。その頃、ベッドに横になっているときは、気がつくと、胸に手を組んでお祈りの姿勢をとるようになっていました。死の瞬間も、義父はあの年齢まで生きることができた一人の人間としての、最高の体験をしていったのだと思います。

義父は一〇〇歳を超えても、一つ一つ、新たな発見を重ねてきた人です。最後はこんなふうに感じるんだと、日々発見の喜びに満たされながら、旅立っていったのだと思います。

先生がお休みのときにご自宅近辺を散歩していたところ、偶然いとこに遭遇し撮ってもらった一枚

私と日野原先生

日野原先生と親交のあった方に、
本書を刊行するにあたり追悼文をいただきました。
あたたかいコメントをいただけたことに、感謝申し上げます。

2016年11月7日、「新老人の会」のゲストに呼んで頂いて歌った時、車椅子から立ち上がって拍手をしてくださった日野原さん。長い人生を共にされた奥さまへの深い愛、たくさんの病気と闘っている人たちを支え続けた医師としての歳月、亡くなった後にも残された、生きることへの大きな肯定感。日野原さんからの永遠の贈り物になりました。あの時歌った「愛の讃歌」、天と地が繋がっていると信じて、これからも歌います。

歌手
加藤登紀子

日野原先生がお亡くなりになられたとお聞きし、とても寂しく感じました。というよりも、先生がいらっしゃらないことが信じ難い、先生はいつもいていただける、そして永久にいて下さって支えていただける、それほど慈悲深い方でおられました。
心より感謝と御礼を申し上げるばかりです。

鈴木大拙館名誉館長
岡村美穂子

2015年に京都で開催された医学会総会で、日野原重明先生のご講演を初めて拝聴させていただく機会を得て、直接ご挨拶もさせていただくことができました。先生は当時103歳でいらっしゃいましたが、年齢を感じさせない元気なお姿で、ご講演に感銘を受けるとともに、私ももっと頑張らなければならないと改めて刺激を受けました。私も医学の発展に貢献できるよう精進いたします。

京都大学 iPS 細胞研究所所長／
教授
山中伸弥

「5年後のお約束」
思えば先生とお知り合いになりましたのは10年前の対談でした。先生とは山口県萩市の同郷で、私の恩師林武先生の後援者でした。昨年秋、日本橋三越本店で「百寿記念 入江一子自選展」を開催し、先生と2回目のギャラリートークをいたしました。その折「5年後、先生110歳、私105歳。お互いに元気で、またここで対談をしましょう。シー・ユー・アゲイン！」と、皆さんの前でお約束いたしました。秋の独立展には先生のお好きな花を200号の作品に描き「追想フラワーショップ」を出品し追悼しました。先生のこれまでの大変なお力添えを感謝し幾重にも御礼申し上げます。

洋画家、独立美術協会会員、
女流画家協会創立会員
入江一子

日野原先生はいつも平易な心に響く言葉で語ってくださいました。看護師が心をこめて患者さんに手を当てる行為が、時に医療の力を超えることがある「手当の大切さ」という言葉はとても印象に残っています。
先生から頂いた「限りある命の時間をみんなのために使いましょう」というメッセージを私なりに実現していきたいと思います。

女優
紺野美沙子

もしも日野原先生にお目にかかることが無かったら……。
26歳も年下の私を句友とお呼び頂きました。勇気百倍。努力いたします。

俳人・「藍生」俳句会主宰
黒田杏子

2000年から上演させていただいたオリジナル・ミュージカル「葉っぱのフレディ」（後に「少年フレディの物語」に改題）を制作するにあたり、日野原先生には沢山のご尽力をいただきました。お元気で矍鑠とされた先生のお姿に、いつも身の引き締まる思いでした。
いのちは永遠に生まれ変わり、めぐり続けていく……。「葉っぱのフレディ」のテーマのように、先生の偉業、そしてお心は、いつまでも受け継がれ、語り継がれていかれることと信じます。

女優・歌手
島田歌穂

日野原先生へ

瀬戸内　寂聴

日野原先生、お久しぶりです。そちらのお天気はいかがですか？　こちらは今日は十月二十一日で、京都は時代祭の日ですが、朝から冬のような冷たい雨が降りしきり、祭りは中止したそうです。先生も私もお天気人間で、お逢いした日や二人で講演旅行に出かけた時は、いつも上天気ばかりでしたね。

私の源氏物語の現代語訳が出来上がった頃からのおつきあいで、先生は私の源氏物語訳をご愛読して下さり、デパートでの展覧会にもまめにお出かけ下さいました。先生のお姿が拝されると、他の参加者たちの間に、キャーッという歓声が湧き、先生に向かって、なだれのように人の列が押し寄せました。あの日野原先生がご愛読下さるというだけで、私の源氏訳は、どれだけ得をしたかわかりません。

それがご縁の始まりで、急速に先生とお親しくしていただきました。よく二人で地方の講演にも出かけましたね。そんな時、先生は列車に乗るなり、さっと分厚い原稿のゲラ刷りをお膝の上に広げ、赤ペンで、細々と修正されました。その勤勉ぶりに私が目を丸くしていると、先生は目はゲラから離さないまま
「これは私の弟子の論文のゲラです。ちょっと見てやるだけで、安心するものですから」

とおっしゃいました。「忘己利他《もうこりた》」という最澄《さいちょう》の言葉を思い出し、私は先生を拝みたくなりました。

どの旅でも先生はお伴なしで、荷物はいつもご自分で持たれます。私についてきた若い秘書が、持たせて下さいと申しあげても、

「いやいや、これで身体を鍛えているのです」

と、決してお渡しになりませんでした。

寂庵（※注）へもお立ち寄り下さいましたね。あの時、五人ほどいた若いスタッフたちの興奮したこと。先生はいつも講演で健康のためには小食、粗食を提唱されていらっしゃるので、丁度お昼時に、何をお出ししていいかと、皆で悩んでいました。時間がどんどん過ぎてゆくので、ついに近くのイタリア料理店でシンプルなサンドイッチを作ってもらい恐る恐るお出ししました。先生は一切れ召しあがったとたん、

「あ、これは美味しい。チーズも肉も上等だ」

とおっしゃって、シェフがおまけに作ってくれた豪華なサラダもペロリと召し上ってしまわれました。それからスタッフたちを並べて
「人に背後から声をかけられた時、あなたたちはどうやって振り向きますか？　若い娘は

（※注）京都・嵯峨野にある瀬戸内寂聴さんが開いている寺院

魅力的に振り向かなければ……」

と、ご自分でぐっと肩を廻して、しなを作って振り向く姿を示して、スタッフの一人一人にそのしなをさせ、「魅力的振り向きポーズ」を伝授して下さいました。彼女たちの喜んだことといったら……。

二人で並んでサイン会をしたこともありました。先生は前に立つ読者の一人一人に、

「どこから来たの？　ああそれは遠くてたいへんだったね」

「どこから？　一人暮し？　戸締りはちゃんとして来た？」

といちいち顔を見て話しかけられながらサインなさるので、私が十人するうちに二人しかできません。でも先生にお声をかけられた読者の、幸せそうな笑顔は、何と輝いていたことでしょう。医は仁術という言葉をしみじみ思いだしました。

先生は私より十歳ご年長でした。でもお心の若々しさは、私より十歳もお若い感じでした。私は永遠に死なない不死身のお方だと、いつの間にか勝手に思いこんでおりました。

この度「婦人公論」（※注）で、先生の最後までご看病なさったご次男の奥さま日野原眞紀様のご原稿を拝読させていただき、はじめて泣けて泣けてたまりませんでした。眞紀様のお優しさに感動したのと、私が勝手に、先生は死なない奇跡の人格だと思いこんでいたのに、一〇五歳の先生は、やはりご自分だけでは、立つことも寝返ることも出来ない無力な老人にすぎなかったことを知らされたからです。あれだけ数えきれない病人の死を見

（※注）2017年11月14日号

送ってこられた先生が、まさか死についての質問に「死ぬのはとても恐ろしいことだと感じています。足がすくむような思いがします」と答えられたとのご文章を読んだ時、不当にどきっとしてしまいました。

先生は敬けんなクリスチャンでもあられました。恐ろしいハイジャックの経験もおありで、そのことを書かれたり話されたりする中では、死を怖がったことは一度もありませんでした。でも……人は死の直前にはやはり死が恐ろしいのでしょうか？　私は先生より、一応十歳若いのですが、お会いしていたかぎりでは、先生は若々しく、歳の差を余り感じたことはありません。たくまざるユーモアがおありで、向いあう人を、みんな幸福に笑わせるお力をお持ちでした。その先生にして、死を恐れていらっしゃる。やがて遠くない自分の死について、改めて考え直してみようと思います。

先生は家族についても「食卓を一緒に囲む存在。血のつながりは関係ない」とおっしゃったとか。家族を捨て子供を捨てて家を出た私は、この言葉ほど、心に強くしみこむものはありませんでした。こう書いていると、もどかしく、私は一刻も早く死出の旅に出たく、向こうの世界で先生にめぐりあいたいと、心があせってきます。

それも、近くかなえられることでしょう。

この正月で、私は数え年なら九十七歳になります。もう充分、この世は味わわせていただきました。一刻も早く、先生のいらっしゃる世界に、たどりつきたいと思います。

おみやげは、どんな豪華なご馳走にいたしましょうか？

追悼文

音楽評論家・作詞家　湯川　れい子

先生は覚えておいでかどうか……。先生と初めてお目にかかったのは、二子玉川の高島屋のホールで、日本に最初にヒーリング・ミュージックという言葉とコンサートを持ち帰った、シンセサイザー奏者の宮下富実夫さんのイベント会場でした。

それからおよそ30年。特に先生が理事長をしておられた日本音楽療法学会に参加するようになり、私が理事となってからは、お目にかかる回数も増え、２００４年には先生との対談集『音楽力』を出させて頂いて、九刷まで版を重ねました。

常に新しい事にチャレンジし、旺盛な好奇心で少年のように瞳を輝かせていらした先生を拝見しているだけで元気を頂いたし、理想とする生き方を教えて頂いたと、心から感謝しています。

そんな中でも、いつも頭が下がったのは、憲法九条を守るための集会や、原発再稼働反対といった、私が参加する市民運動や環境保護のための運動など、出来ることなら社会的な知名度も信用度も段違いに高い先生のお名前が欲しくて、それでもお仕事やお立場からはどうなのだろう……と、ためらいながらも思い切って賛同人や呼びかけ人をお願いすると、間髪を容れぬ速さで賛同のファックスや自筆のお返事が届いて、いつも驚かされたものでした。

私の場合はそれが政治的な意図からではなく、一市民、一地球人としての願いから、止むに止まれずやっている運動であっても、社会はなかなかそうは見てくれません。特に大きな組織に属する男の人ほど臆病というか、慎重であることを、私は身を以って体験して来ただけに、先生の純粋で、一点の曇りもなく強い想いを感じて、本当に嬉しく有り難く受け止めさせて頂いたものです。

お医者様として、６００名以上もの患者さんの死を看取り、ご自身の病気のご体験や、よど号ハイジャック事件、地下鉄サリン事件でのご体験など、通常の人生には有り得ない修羅場をくぐり抜けられた方だからこそ、あの穏やかな微笑みの裏には、強い強い信念と、深い愛情がおありになったのだと思います。

私の人生の中でも、二人とお目にかかれない素晴らしいお方でした。先生に出会えたことの幸運を、生涯心から感謝申し上げます。きっと又、いつか別の世界で、笑ってお目にかかれますように私も頑張ります。

九年前、先生と初めて仕事をした時、「先生は地球外生物エイリアンですね」と云ったら、フフフと子供の様な笑顔がかえって来た。更に私は、「減塩で塩分は一切ひかえて?」と問えば、「いや人間は塩分を摂らなきゃいけません」。「もうお肉は止められてお茶漬サラサラで?」、「いや人間はお肉も食べなきゃいけません」。瞬発力がなくなると。正しくエイリアンだ。超過密スケジュールをこなす老教授と、フィナーレに特別出演してくれた迷優が懐かしい。

俳優
宝田明

ユニセフで世界の子ども達のために、先生と一緒に活動をつづけてきました。先生のやさしさ、生命の大切さと平和を愛する心に感銘を受けました。

歌手・エッセイスト・教育学博士［Ph.D］
アグネス・チャン

重明さんに逢いたくなったらどうするか?
私の場合、CDに収録された声を聴くことにしています。特別に編成された総勢80名から成る“日野原重明LPC混声合唱団”（10代～90代）が私と「千の風になって」を合唱しているのです。「千の風になって・スペシャル盤」（ポニー・キャニオン）をお聴き下さい。風になった重明さんは今も生きています。

作家、作詞作曲家
新井満

今年のねむの木学園の運動会で、日野原先生のお写真を持った新老人の会の方が、こどもたちや他の参加者の方々と一緒に歌いながら歩かれている姿を見て、「ああ、先生がいらして下さった」と思いました。そして、銀座の美術展でこどもたちが歌っている中、先生はだんだん嬉しくなって、ついには車いすから立ち上がって私と一緒に指揮をされたことが思い出されました。先生、ありがとうございます。運動会にいらっしゃって下さって会場が楽しくなりました。

ねむの木学園理事長
宮城まり子

日野原先生に初めて会ったのは、僕が聖路加病院の合唱団の指揮をした時でした。僕の大親友の山本直純さんが聖路加病院のために作曲した院歌《いんか》を、聖路加病院の合唱団が歌うからと、その指揮を頼まれたのです。

その後、僕の母親が亡くなる数ヶ月前、地方の病院に入院していた時でした。日野原先生が、地方まで来てくれて、聖路加病院への転院手続きをしてくれました。母親が亡くなる直前に、当時、新日本フィルハーモニーとすみだトリフォニーホールでリハーサルをやっていましたが、先生から電話が掛かってきて、早く病院に来いと言われ、病院に着くと、母親が亡くなるまさに一秒前でした。齋藤秀雄先生が聖路加病院で入院していた時も、日野原先生に大変お世話になったのです。

日野原先生は、細かいところまで人の命を大事に考えた方でした。生きている喜びを死ぬまで味わう、そういった姿勢を持っていました。

それに、音楽に対する愛情、尊敬も強い方でした。音楽に夢中になって、子どものためのミュージカルまで作ったのです。素晴らしい人柄でした。

指揮者
小澤征爾

やわらかな感性

澤地　久枝

日野原先生というと、笑顔を思い出す。

お目にかかっているとき、いつも笑っていらした。百歳をこえて生きるとは、笑顔、と思っておいでのような変わらない笑顔だった。

お元気な姿しか、記憶にない。

あれは、小児科医でいらした細谷亮太先生の定年記念のパーティだった。

最初の挨拶で、日野原先生は「きょうのたのしみは、若者のコーラス」とつけくわえられた。

いくらお元気そうでも、立ったままのパーティは負担にならないはずはない。わたしは会の進行を見ながら、早くコーラスの出番がこないかと、自分のことよりも日野原先生のお疲れが気になっていた。

いつまでもコーラスの出番はなかった。

それは、盛会だったパーティの最後にあったのだ。

驚いたのは、それまで出席されていた先生が、指揮をなさったこと。嬉しそうに全身をたわませて、まるで若者のコーラスといっしょに歌っているような指揮であった。

若い人たちは、先生のお年など、きっと考えてはいなかったと思う。実に自然にとけあって心にしみてくる音楽をつくっていた。

さらにそのあと、先生を囲んだ人たちといっしょに、記念撮影にもおさまっておられる。齢をかさねる自然な姿をつぶさに見たと思ったのを忘れない。

日野原先生とのあったかな思い出

医師・作家
鎌田　實

日野原重明先生とは20年くらいのおつきあいだった。雑誌で対談し、その後２００５年、ＮＨＫのラジオ番組「鎌田實 いのちの対話」で２日間、宮崎にご一緒した。

そのとき93歳。「やることが多すぎて、なかなか死ぬ暇がない」と言う。ぼくについても、「鎌田先生は、体のなかにぐっと芯が通っていて、多くの人々にメッセージを伝えようという使命感がいっぱいある珍しいドクターじゃないかと思います」と語ってくれた。

この日のテーマは「音楽と人生」。「オーケストラのコンサートマスターはラの音でチューニングする。ラの音は人間に非常にいい音なんです」と言った。家族や客人を迎えるときに、ドの音では具合が悪いという。ラの音で「おかえりなさい」「いらっしゃい」というと、人間関係がぐっとよくなるとのことだった。先生の言葉はすごい。

「医療現場では根拠に基づく医療が大手を振っているが、患者さんの語った言葉を中心に医療を展開するのがいい。医者と患者の関係は、サイエンスは半分、あとの半分は、ヒューマニティ（人間性）も含むアートが医療には大事」と語ってくれた。今も先生のこの言葉を大切にしている。

「何年先の講演を受けているのですか」と聞くと、「手帳が3年先までしか書けないので、3年先までしか受けていない」と笑った。すぐにぼくは通販生活で売っている10年日記を贈った。これで10年先まで予約を入れられる。その後、テレビで、日野原先生が女優の森光子さんの誕生日に、「10年先まで芝居の予定を入れなさい。そうすれば生きていくことができるから」と、10年日記をプレゼントしていた。ついつい笑ってしまった。

昨年4月には、佐賀で一緒に講演した。日野原先生が30分、鎌田が1時間半。２０００人のホールが満員になった。日野原先生は30分立って、講演したが、日野原節は健在だった。その後、「鎌田先生の話は久しぶりだから、聞いていくよ」と言い、会場からは見えないところにベッドを置いて聞いてくれた。

そのときは、日野原先生をネタにたっぷり面白い話をした。長生きをするコツ、生きがいをもって生きることなど、ところどころで笑わせながら。おつきの人に、「さすが鎌田先生はいい話をする」とほめてくれたようだ。

講演が終わって、日野原先生のところにあいさつに行くと、日野原先生はグーグーといびきをかいて寝ていた。鎌田の話を聞こうという気持ちはあったが、飛行機移動などでお疲れ。思わずほほえんでしまった。

ユーモアのある人だった。楽しむことが好きな人だった。好奇心いっぱいの人だった。弱い人に優しい人だった。時代の空気を変える名人だった。先生、とても寂しいです。

テレビ番組の収録で聖路加看護大学に伺った時、現役の学生さんに囲まれて先生は「僕はね、彼女達の4倍なの。でもね、いつも階段」とニコリ。若さのヒミツを垣間見た思いでした。また、その後のパーティーで「私は徹夜で原稿を書き上げました。人生の『秋』にあって、今の気分は爽快です」とも。
「葉っぱのフレディ」。先生は、この美しい絵本そのままに、色鮮やかな秋とそれに続く季節を通して生きることの大切さを教えて下さいました。
頂いた言葉の数々は私の宝物になっています。

俳優
竹下景子

日野原先生と初めて対談させていただいたのは、20代後半のこと。私が「真っ白なキャンバスに絵を描くには、そろそろ一筆目を書き入れないと間に合わないのでは」と当時、自身の人生に対して抱えていた不安を吐露すると、「私からすれば、乙武さんはまだ人生の第2Qを過ぎたばかり。焦る必要はありませんよ」とやさしく諭してくださった言葉が、今でも忘れられません。そろそろ第2Qも終わろうとしています。どうか見守っていてください。

作家
乙武洋匡

私より11歳年上の日野原先生とお話した時、先生は、見境なく人の命を奪う無残な戦争を心から嫌い、平和を強く望んでおられました。ですから、私たちの心はひとつでした。日野原先生は誰からも慕われ、尊敬される素晴らしい方でした。

日本文学研究者
ドナルド・キーン

30年間、医療秘書教育の向上を目指し一緒にやらせて頂き、先生のご発案で医療秘書学会を立ち上げ既に14年になる。毎年の学会で1時間の学術講演が楽しみだったが、100歳の年、風邪をひかれ出席がかなわなくその連絡を受けた。普通の人ならそこまでだが、先生は病床で「人生100歳から　医療の未来を想う」をビデオにして宅急便で当日朝に届けられた。会場は感動感謝の1時間だった。105歳の時に一緒にやらせて頂いた甲状腺がんで声を失いながら再起され感動された先生がプロデュースされたベー・チェチョルさんとのコンサートも懐かしい。最期まで新しいことに喜々として挑戦されていた。
今も私にとって日野原先生は人生の師である。

滋慶学園グループ総長
（医療秘書教育全国協議会理事長、ザ・シンフォニーホール総監）
浮舟邦彦

「『葉っぱのフレディ』はミュージカルにするといいですよ。脚本を書く人を知っていますから紹介しましょう」と日野原先生がおっしゃったのは先生八十八歳のときでした。みると先生のお顔に「私が書きたい」と書いてあります。「先生、書いてください」と申し上げると先生は「やってみようか」。そこで、みらいななとぼくと先生の三人でホテルの一室で脚本づくりをしました。それが先生の作家への道の第一歩でした。

童話屋代表取締役
田中和雄

日野原先生の遺志を受け継いで活躍する

「新老人」たちのライフスタイル

長寿国である日本でより良い生き方を追求し続けた日野原先生は、自立して生きる新しい老人を「新老人」と名づけました。その考えに賛同する方々の集まりとして、2000年9月に発足したのが「新老人の会」です。

2017年現在、8000人を超える「新老人の会」の会員たちは、年齢を重ねたからこそ熟成されてきた知恵や経験を行動に変え、社会に還元し続けています。

「90年代半ば、不況のあおりを受け親会社から子会社への出向人事の対象になりました。それまでの実績に自信があったからこそ、初めての大きな挫折に、かなり精神的にまいってしまいました。そんな時、先生のご著書『生きかた上手』に出会い、その言葉に救われたのです」

そう語るのは、千葉県千葉市に住む本多正之さん（75歳）。先生の「きりのない願望が、あなたをしあわせから遠ざけます」という言葉に感銘し、不幸に敏感になる一方、幸せには鈍感になっていた自分自身に気づくことができたといいます。「新老人の会」に入会してからは、「エッセイを楽しむ会」や「なんでも話そう会」、「誌

「新老人の会」は、75歳以上を「シニア会員」、60歳から75歳未満を「ジュニア会員」、60歳未満を「サポート会員」とし、世代を超えた運動に拡大している

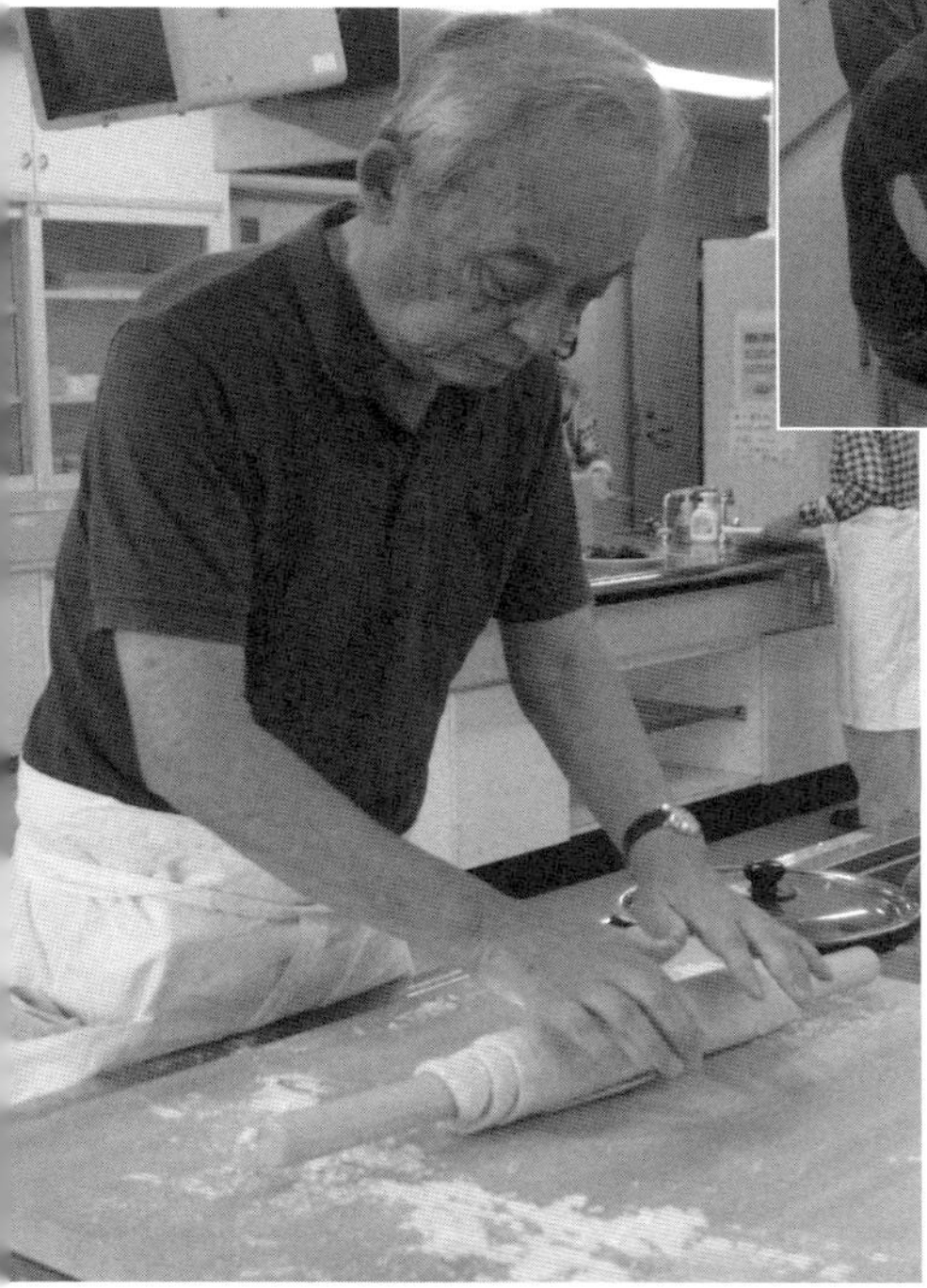

父親から受け継いだうどん作りをいかし、「こども食堂」に仲間と参加する関谷さん

上俳句の会」に参加。「吟行の会」も創《はじ》めました。

東京都八王子市の関谷真一さん（60歳）は、会員だった知人から紹介され2015年に入会しました。現在は、本部世話人および多摩ブランチ（支部）の代表です。

「多摩ブランチの武蔵野市と八王子市では、ｉｐａｄ交流会が行われています。ｉｐａｄが使えるようになれば、足腰が悪くなっても世界中の人とつながれますから。少人数でじっくり学んでいますが、なかには動画編集までできるようになった会員もいます」

日野原先生も100歳からＦａｃｅｂｏｏｋを始められ、ほぼ毎日投稿されていました。年をとっても創造的に生き続けるという先生の生きざまに、非常に共鳴したという関谷さんは、これまでの人生で培ってきた〝技術〟を、「新老人の会」を通じて社会に還元しています。

「本職ではないのですが、うどん作りを父親から受け継ぎました。入会前からさまざまな方とうどん作りをきっかけにしてコミュニケーションを深めるという活動を10年以上行っていたのですが、『新老人の会』でも会員の仲間たちと隔月で実施しています」

　最近では、うどん打ちの技術を身につけた仲間で地域活動を支援しようということになり、子どもたちに温かな食事と団らんを共有する社会活動「子ども食堂」に参加しているといいます。

　今後は、「新老人の会」の会員たちの横のつながりを深め、そのつながりで社会に働きかける行動をとっていきたいと力強く語る関谷さん。

「『新老人の会』に入ったことで、高齢者という概念が変わりました。人生はまだまだこれから。何歳になっても、常に新たなことに挑戦し続けたいと思います」

平均年齢82歳のフラダンスサークル

「新老人の会」のフラダンスサークルで15年も講師を務めている東京都世田谷区の宮川ユリ子さん（80歳）。宮川さんと日野原先生の交流は、50年以上にわたります。

「結婚を機に引っ越して、先生が聖歌隊隊長を務めていた教会に所属することになりました。先生は偉大な業績を持つ方なのに、まるで家族のように、誰と

宮川さんが日野原先生から「体にいいからやってほしい」といわれて始めたフラダンスサークルは15年以上活動している

でもつきあってくださいました」

先生から受けた影響は計り知れないという宮川さん。フラダンスサークル活動の講師も、65歳で数学教師の定年を迎えて「新老人の会」に入った時に、先生から「サークルで指導をしてほしい」といわれたのがきっかけです。

「メンバーの平均年齢は82歳。30人以上いるので忙しい日々です」

サークル活動の後にそう語ってくれた宮川さんの顔は、キラキラと輝いていました。

ホームでの出会いが一生の出会いに

「一瞬の出会いを一生の出会いにできるかどうかはあなた次第だというのは先生の言葉ですが、私と先生の出会いはまさにそうでした」

２００８年7月、教員を長らく務めていた藤原妙子さんは新横浜駅ホームの待合室で先生を見かけて思わず話しかけました。すると、先生から「ではあなたが勤めた学校で『いのちの授業』をしましょう」といわれ、翌年1月には「いのちの授業」が実現したのです。

その後、「新老人の会」のサポート会員になった藤原さん。今年は「いのちの授業」の活動の有志の会を立ち上げ、積極的に活動しています。まさに一瞬の出会いが一生の出会いとなりました。

「いのちの授業」については、長野県松本市の橋本京子さん（78歳）も長年行っています。

「私の母校で日野原先生がしてくださったのを見て、自分もライフワークにしたいと思いました。相談したら、『やったらいいよ』とアドバイスをくださいました。授業では、私が戦時中に妹を亡くした経験などを語り、頭ではなく体験として子どもたちにいのちの意味を感じてもらいます」

先生の遺志を引き継ぎ、いのちや平和を伝えるのが使命と感じている橋本さん。先生と出会う前は「若かったらできるのに」と思うこともあったようですが、今では「年齢」をできない理由にしないといい、「人生の後半戦こそ本番です」と力強く宣言してくれました。

日野原重明ヒストリー

西暦	年齢	時歴	主な出来事
1911	0	10月4日、母の実家があった山口県・山口市の郊外で6人兄弟の次男として誕生	大逆事件で幸徳秋水らの死刑執行
1913	2	アメリカから帰国した父・日野原善輔が大分メソジスト教会に牧師として赴任したことで大分に転居	日本政府が中華民国を承認
1915	4	父が神戸中央メソジスト教会（現・日本基督教団神戸栄光教会）に移ったことで神戸に転居	芥川龍之介が『羅生門』を発表
1918	7	神戸市立諏訪小学校（現・神戸市立こうべ小学校）に入学 キリスト教の洗礼を受ける	米騒動
1921	10	腎臓炎で小学校を3ヵ月休学。ピアノを習い始める 母の尿毒症を医師が治したことに感激し医師を志す	原敬首相暗殺事件
1924	13	旧制第一神戸中学校（現・兵庫県立神戸高等学校）に合格するも即退学。神戸市のミッションスクール関西学院中学部に入学。赤面恐怖症克服のため弁論部に入る	皇太子裕仁（後の昭和天皇）が女王良子（後の香淳皇后）と結婚

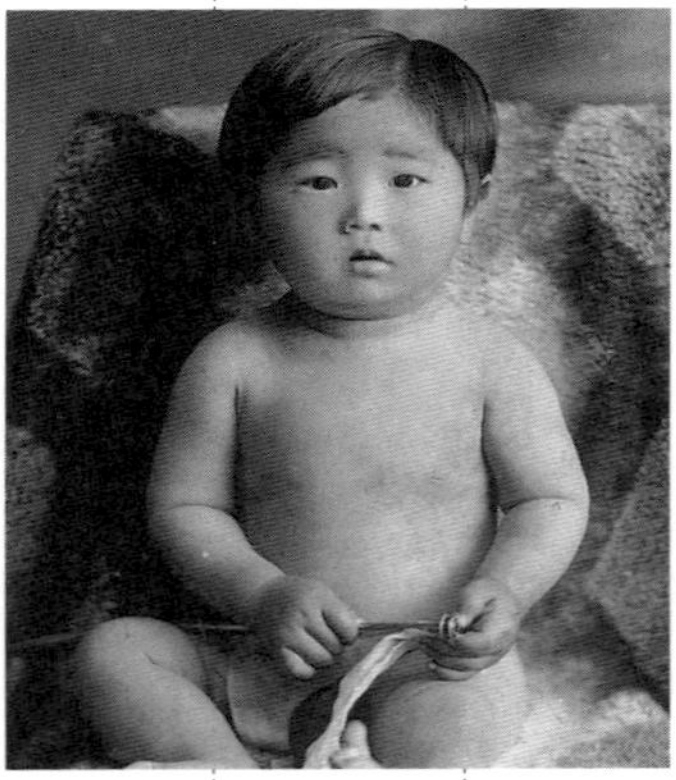

1歳のとき

1929	18	京都市の旧制第三高等学校に入学。弁論部と文芸部に所属	日本が不戦条約を批准
1932	21	京都帝国大学医学部に現役合格し入学。学費は教会関係者の寄付を仰いだ	五・一五事件
1933	22	22歳のときに結核にかかり京都帝国大学医学部を休学。30年に父が院長に就任した広島女学院の院長館や山口県光市虹ヶ浜で1年間の療養生活を送る。医学部の内科教授になるという将来の希望を断念する。レコードを聴く日々を送り、音楽の道を考えるも両親に反対され、断念する	小林多喜二が逮捕、虐殺される 聖路加国際病院開院式
1934	23	京都帝国大学医学部2年に復学。精神科医になることを考える	室戸台風上陸
1937	26	京都帝国大学医学部を卒業 京都帝国大学医学部三内科副手（無給）に就任。真下俊一教授の第三内科（循環器内科）に入局 徴兵検査があり実質不合格の丙種合格	松竹発足 日中戦争開戦
1938	27	北野病院、京都病院（現・国立病院機構京都医療センター）で勤務	国家総動員法施行
1939	28	京都帝国大学医学部大学院博士課程（心臓病学専攻）に進学。京都大学YMCA地塩寮に住む	大川周明『日本二千六百年史』を刊行しミリオンセラーに

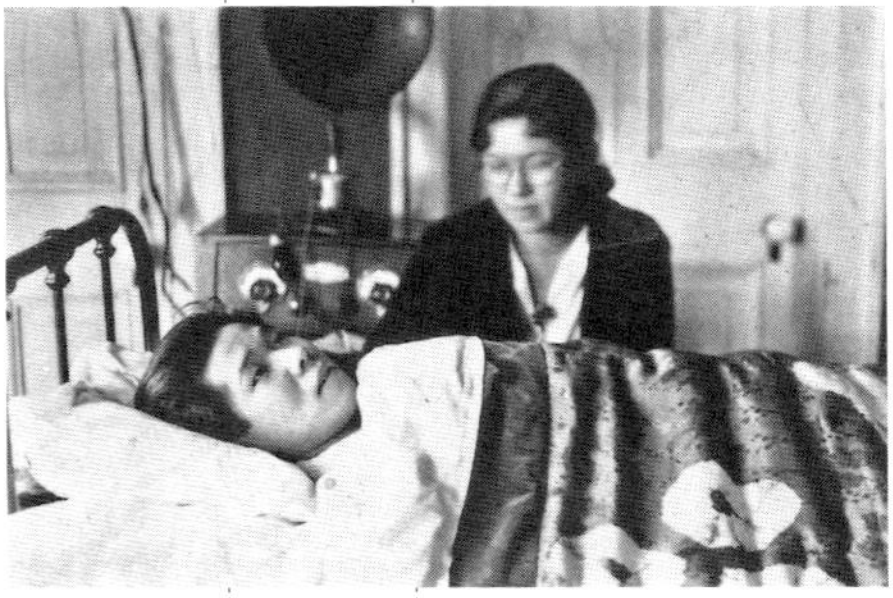

広島女学院にて療養

西暦	年齢	時歴	主な出来事
1941	30	聖路加国際病院に内科医として勤務	太平洋戦争開戦
1942	31	教会の日曜学校で教師をしていた二見静子と交際し、結婚	ミッドウェー海戦
1943	32	京都帝国大学医学博士の学位取得。博士論文は「心音の研究」。心臓が収縮するとき低音がなることを発見し、アメリカの医学雑誌に投稿	東京都制施行
1945	34	大日本帝国海軍軍医少尉に任官。戸塚海軍病院や海軍衛生学校のある横浜市戸塚で訓練を受けるが、急性腎臓炎のため入院となり除隊 東京大空襲の負傷者を救護	ポツダム宣言受諾し、終戦
1951	40	聖路加国際病院内科医長に就任 アメリカのウィリアム・オスラー医師の文献を通して、アメリカ医学を知り衝撃を受ける。アメリカのエモリー大学医学部に1年間留学。師と仰ぐウィリアム・オスラーの直弟子を訪ねる 肺結核と胸膜炎が再発し化学療法で治療	サンフランシスコ講和条約調印
1952	41	聖路加国際病院に戻り、内科医に。橋本寛敏院長から、教育についてまかされる。臨床医学と医学教育という人生の二本の柱が定まる	血のメーデー事件 ヘルシンキ五輪に日本参加
1954	43	聖路加国際病院に人間ドックを開設。日本初の人間ドック開設メンバーとして奔走	映画「ゴジラ」公開

結婚直後

1970	59	よど号ハイジャック事件に遭遇、人質拘束される。事件を機に内科医としての名声を追求することをやめて、他人のために生きることを決意する	大阪万博開幕
1973	62	財団法人ライフ・プランニング・センターを設立	変動相場制に移行 第一次オイルショック
1974	63	聖路加看護大学学長に就任	佐藤栄作前首相がノーベル平和賞受賞
1977	66	「成人病」の「習慣病」への改称を提唱	国民栄誉賞が創設。王貞治が第1回目の受賞
1983	72	エッセイ『死をどう生きたか』を出版	東京ディズニーランド開園
1987	76	小学生の前でいのちの大切さを語る「いのちの授業」を開始	安田火災、ゴッホの「ひまわり」を53億円で落札
1988	77	聖路加看護大学に国内初の大学院博士課程を設置	青函トンネル開業
1992	81	聖路加国際病院の院長に就任	尾崎豊死去
1995	84	83歳のときに地下鉄サリン事件が起こる。６４０名の救急患者全員を受け入れる。通常時の機能に対して広大すぎると非難されたロビー・礼拝堂施設が緊急応急処置場として機能する	阪神・淡路大震災

西暦	年齢	時歴	主な出来事
1996	85	財団法人聖路加国際病院理事長に就任	羽生善治、史上初の7冠達成
1998	87	東京都名誉都民を授与 アメリカのトマス・ジェファーソン大学から名誉博士号授与	長野五輪開幕
1999	88	文化功労者に選出	東海村ＪＣＯ臨界事故発生
2000	89	88歳のときに「新老人の会」を発足し会長に 企画・脚色を担当したミュージカル「葉っぱのフレディ～いのちの旅～」の初公演	日本でＢＳデジタル衛星放送開始
2001	90	『生きかた上手』を出版。総計３５０万部のミリオンセラーに	第1次小泉内閣発足 愛子内親王誕生
2002	91	カナダのマックマスター大学から名誉博士号授与	小泉首相が日本の首相として初めて、朝鮮民主主義人民共和国を訪問
2003	92	朝日社会福祉賞を受賞 日本放送協会放送文化賞受賞	イラク復興支援特別措置法成立
2005	94	被爆60周年を迎えた広島で音楽会「世界におくる平和のメッセージ」を小澤征爾さんと開催。秋篠宮殿下ご夫妻をはじめ、８０００人の入場者が参加 文化勲章を授与	野口聡一が搭乗したスペースシャトル「ディスカバリー」の打ち上げ成功

1996年、聖路加国際病院スタッフと

2006	95	国際検診学会会長に就任	トリノ五輪で荒川静香が金
2007	96	関西学院大学から名誉博士号授与 日本ユニセフ協会の大使に任命	新潟県中越沖地震発生
2008	97	ホイットフィールド・万次郎記念館保存のための募金活動開始	秋葉原通り魔事件発生
2010	99	ウランバートルの小学校で「いのちの授業」を行う ミュージカル「葉っぱのフレディ～いのちの旅～」をアメリカ・ニューヨーク市のオフ・ブロードウェイで公演	尖閣諸島中国漁船衝突事件
2011	100	宮城県の南三陸町を慰問 10月4日で100歳に。「私はこれから毎年1つ新しいことを創める」と宣言	東日本大震災発生
2013	102	全村避難の福島県飯舘村を慰問 夏季休暇でニューヨークに。プライベートの旅行は初めて。ニューヨークで初めてヘリコプターに乗る	「妖怪ウォッチ」ブーム
2014	103	日本橋三越美術特選画廊にて日本画の後藤純男さんと「書」で二人展を開く 『大好きなおばあちゃん』で絵本作家デビュー	「森田一義アワー 笑っていいとも！」終了
2016	105	キャロライン・ケネディ駐日米国大使を訪問 ベー・チェチョルさんとのコンサートに皇后美智子妃がご列席に	熊本地震発生
2017		7月18日、ご自宅にて逝去	浅田真央が現役引退

ニューヨークでミュージカル公演

● 編集協力
一般財団法人ライフ・プランニング・センター
「新老人の会」
一般財団法人ライフ・プラニング・センターの理事長として「よく生きる」ことを追求してきた日野原重明先生が、シニア世代の新しい生き方を提唱し、この「新老人運動」に賛同する方々の集まりとして、2000年9月に発足した。2017年現在、会員数は8000人を越える。

● 写真提供
読売新聞(P20-21の上の写真、P30-31の写真)、
聖路加国際病院(P24-25の写真)

● 制作スタッフ
・編集
中野一気(中野エディット)
・執筆
麻生 晴一郎、六原ちず(中野エディット)
・装丁
鈴木成一デザイン室
・カバー・表紙写真
齋藤文護
(JR東日本「大人の休日倶楽部」会員誌
2013年9月号表紙写真より)
・本文デザイン・DTP
下舘洋子(bottomgraphic)

(主要参考文献一覧)
『延命の医学から生命を与えるケアへ』(医学書院)、『「いやし」の技のパフォーマンス』(春秋社)、『心とからだの健康設計』(日本経済新聞社)、『生きかた上手』(ユーリーグ)、『生きかたの処方箋』(河出書房新社)、『十歳のきみへ　九十五歳のわたしから』(冨山房インターナショナル)、『人生の四季に生きる』(岩波現代文庫)、『いのちを育む　百歳の私から人生を楽しむための「道しるべ』(中央法規出版)、『日野原重明　一〇〇歳』(NHK出版)、『医学するこころ　オスラー博士の生涯』(岩波現代文庫)、『だから医学は面白い　幻(ビジョン)を追い続けた私の軌跡』(日本医事新報社)、『死をどう生きたか私の心に残る人びと』(中公文庫)、『僕は頑固な子どもだった』(ハルメク)以上、すべて日野原重明著。『老いのパラダイム(老いの発見2)』(伊東 光晴、河合隼雄、副田義也、鶴見俊輔、日野原重明　岩波書店)、『私の歩んだ道』(日野原重明著 植村研一聞き手　岩波書店)、『よみがえれ、日本の医療』(日野原重明、高木邦格　中央公論新社)。その他、朝日新聞、読売新聞、毎日新聞に加えて、「文藝春秋」「新潮45」「いきいき」など多くの雑誌を参考にいたしました。

謝辞
本書を制作するに当たり、多くの方々のご協力をいただきました。ここに記して、感謝申し上げます。
・日野原眞紀様はじめご遺族の皆様
・一般財団法人ライフ・プランニング・センター
「新老人の会」
事務局長・石清水由紀子様　岩下美恵子様
・日野原重明先生自宅書斎秘書
岡由利子様　佐藤玖子様　清水康子様
・日本基督教団玉川平安教会関係者の皆様
・学校法人聖路加国際大学広報室の皆様
・同　キリスト教センター　山本恵美子様

日野原重明の世界
人生を色鮮やかに生きるための105の言葉

2017年12月15日　初版発行
2018年1月20日　初版第3刷発行
編集協力　「新老人の会」
発行者　荘村明彦
発行所　中央法規出版株式会社
〒110-0016 東京都台東区台東3-29-1中央法規ビル
〈営　業〉TEL 03-3834-5817　FAX 03-3837-8037
〈書店窓口〉TEL 03-3834-5815　FAX 03-3837-8035
〈編　集〉TEL 03-3834-5812　FAX 03-3837-8032
https://www.chuohoki.co.jp/

印刷・製本　図書印刷株式会社
ISBN978-4-8058-5622-2
落丁本・乱丁本はお取り替えいたします。
定価はカバーに表示してあります。